Más Allá de Los Rangos

Jose Castro

Published by Jose Castro, 2023.

Tabla de Contenido

Más Allá de los Rangos: Notas de Liderazgo de un Oficial Mesteño que no Enseñan en la Escuela

Dedicacion

Dedico este libro a la querida memoria de mi abuela. Nunca olvidaré los años que viví con ella. Ella nunca aprendió a conducir y quizás no pasó más allá del quinto grado, pero su arduo trabajo, amabilidad, gracia, amor, incondicional, fe y oraciones me llevaron más lejos de lo que jamás imaginé.

Agradecimiento

Quisiera expresar mi más sincero agradecimiento a mi gran amigo, Benjamin, por sus invaluables comentarios y apoyo durante el proceso de escritura. Su sabiduría ha enriquecido verdaderamente mi vida desde que nos conocimos sirviendo juntos en el extranjero.

PREFACIO

Cuando era niño y adolescente, buscaba citas de líderes célebres, pensando que me prepararía para la vida. Lo hizo, como nunca me imagine. Me encantaba compartir citas y lecciones con amigos cercanos que también aspiraban a cumplir sus sueños. A medida que avanzaba en mi carrera como adulto, mi pasión por descubrir sabiduría y compartirla continuó creciendo. Mi objetivo es empoderar a otros para enfrentar los desafíos de la vida, lograr sus aspiraciones y crear satisfacción personal que perdure. Por eso escribí este libro, para compartir lo que he aprendido, con la esperanza de que te ayude a alcanzar tus sueños y encontrar un camino profundamente significativo en tu viaje.

Este libro es para todos los profesionales. Es para aquellos que ansían conocimiento sobre cómo convertirse en gerentes más efectivos, mejores líderes y planificadores estratégicos en busca de una carrera gratificante. Si alguna vez has deseado orientación y mentoría, solo para descubrir que el camino hacia el liderazgo no tiene a muchos dispuestos a compartir su sabiduría contigo, este libro puede ser tu compañero al que puedes recurrir rápidamente. No es un libro solo para profesionales principiantes. Como he aconsejado a mis líderes de más alto rango y los he visto implementar las herramientas que he compartido, puedo decir que hay lecciones, que también pueden beneficiar a profesionales que son líderes y gerentes de mucha experiencia. Las lecciones en este libro equiparan a profesionales que desean estar en puestos de liderazgo por razones correctas. Para servir a los demás.

¿Por qué "Más Allá de los Rangos"? Porque los principios de liderazgo trascienden lo militar, la industria, cualquier sistema de reglas y limitaciones organizacionales, al igual que las reglas en un tablero de ajedrez. ¿Qué es un Oficial Mesteño? Es un oficial militar que previamente sirvió como miembro enlistado (Por ejemplo: soldado, cabo, sargento) antes de obtener una comisión como oficial (Por ejemplo: subteniente). Los oficiales mesteños aportan una perspectiva diferente a sus roles ya que han experimentado de primera mano la vida como personal enlistado. Este trasfondo puede proporcionar a los oficiales mesteños perspectivas valiosas y una comprensión profunda de los desafíos del liderazgo.

Me enliste en la Fuerza Aérea hace más de 20 años. Después de unos años de servicio como miembro enlistado de la Fuerza Aérea, comencé un programa para ascender a subteniente (O-1). La primera lección difícil que descubrí fue que no era un líder nato. Por mucho que quisiera ser un líder, el camino para convertirse en un líder efectivo a menudo era confuso debido a la falta de mentoría. Quizás tú también hayas observado un número limitado de líderes mayores dispuestos a compartir las herramientas del oficio. Puede sentirse como que no encajaras o como si estuvieras navegando solo. Una frustración que enfrenté fue que la orientación ofrecida a través de la formación en liderazgo a menudo no cumplía con lo que necesitaba para convertirme en un mejor líder. Algunos amigos y yo coincidimos en que aprendimos mucho más, uno del otro, que de lo que la Fuerza Aérea nos enseñaba. De hecho, hemos compartido la idea de que, para ser líderes fuertes, tuvimos que desaprender algunas de las tonterías que aprendimos en la formación de liderazgo.

Navegando por internet, hace un tiempo, apareció la imagen de abajo. Es una imagen de un perro sosteniendo su propia correa y paseando.

Reflejaba cómo me sentía a veces acerca de la mentoría de la Fuerza Aérea. Debes recoger tú propia correa y seguir avanzando. Forjar un camino hacia adelante. A medida que ascendía de rango, los oficiales más jóvenes que trabajaban conmigo tenían esos mismos sentimientos. Nadie les había enseñado como hacer su trabajo de manera más eficiente y efectiva.

Lo que me frustraba más es que un par de estos jóvenes oficiales a quienes conocí habían servido directamente bajo líderes de alto rango como sus oficiales ejecutivos (por ejemplo: "Aidé de camp", edecán, asistente personal), pero nadie se había tomado el tiempo para mostrarles algunas herramientas del oficio que podían emplear para ser mejores gerentes y líderes. Habían servido directamente bajo líderes que habían sido considerados quizás los oficiales más efectivos entre sus compañeros de clase, pero nunca les enseñaron nada a sus subordinados inmediatos.

No siempre fue nebuloso. De vez en cuando, fui extremadamente bendecido al encontrar a algunos grandes líderes en el camino que estaban dispuestos a compartir algo de sabiduría conmigo. Hizo una gran deferencia. Comparto parte de su sabiduría aquí en este libro.

He vivido algunos fracasos difíciles, pero también he disfrutado de grandes éxitos. Mi esperanza es que las lecciones en este libro te ayuden a avanzar más rápido y más lejos de lo que yo lo hice. Mi oración es que no vivas los fracasos que yo viví.

Estas lecciones van más allá del servicio militar. Si bien algunas están adaptadas para líderes militares, los principios fundamentales son universalmente aplicables a trayectorias profesionales civiles. El liderazgo no conoce límites y estas lecciones te ayudarán en cualquier ámbito. Este libro podría impulsar tu carrera. Con valores sólidos y lecciones de aquí, tu imaginación será tu único límite.

Este libro no es una crítica a sistemas de promoción fallidos. No voy a intentar arreglar el sistema. Lo que puedo hacer es ayudarte a ser un mejor líder y esperar que otros en posiciones de liderazgo que se encuentren con este se sientan inspirados a hacer lo mismo por quienes los rodean. Tal vez podamos ver suficiente crecimiento en nuestras comunidades profesionales para que no dejemos que el sistema obstaculice el camino que decidimos tomar en nuestras carreras y cómo ayudamos a otros a alcanzar sus sueños.

Mi deseo es que vivas una vida enriquecida de servicio, dejando una huella indeleble de bendiciones en la vida de aquellos que trabajan estrechamente contigo. Este es el regalo más grande que puedes ofrecerles, es el regalo más grande que puedes llevar contigo. Eso definirá quién eres realmente. No será tu rango al jubilarte o tu último puesto o título. Los rangos y los ascensos están sujetos a las particularidades de un sistema imperfecto, pero la esencia de tu liderazgo, los valores por los que te guías, la compasión que tengas hacia los demás y la confianza que creas en tu ambiente laboral son tesoros duraderos que reflejaran quién eres realmente.

INTRODUCCION

Para ayudarte a navegar por el libro, este libro tiene cuatro secciones principales: Notas de Efectividad Personal, Notas de Liderazgo, Notas de Administración y Planeando una Carrera. Cada sección es esencial para convertirte en un líder completo.

La sección de Notas de Efectividad Personal te ayudará a ser más eficiente e impactante como joven profesional. Te ayudará a enfrentar los desafíos del mundo actual, a desarrollar tus habilidades en el arte del liderazgo y te ofrecerá una perspectiva más amplia sobre cómo puedes prosperar en la vida y tu carrera. Esta sección te ayudará a "florecer donde estás plantado", liderar con propósito y navegar por un paisaje volátil de desafíos personales y profesionales.

En la sección de Notas de Liderazgo, descubrirás sabiduría y consejos prácticos para fomentar una cultura de equipo positiva, tomar decisiones impactantes, construir confianza, ser sincero y manejar los errores con elegancia.

En la sección de Notas de Administración, las lecciones te ayudarán en la contratación del talento adecuado, establecer y dar seguimiento a prioridades claras, mantener la unidad de mando y otras herramientas esenciales para una administración sólida.

En la sección de Navegando tu Trayectoria Profesional, encontrarás lecciones sobre cómo encontrar significado en tu trayectoria profesional. Te ayudará a establecer puntos clave de decisión para tu carrera y reconocer la verdadera medida del éxito.

Organice estos temas en este orden porque si deseas emprender una vida de liderazgo, primero debes trabajar en ti mismo(a). Debes ser eficaz por ti mismo(a). Luego debes aprender habilidades de liderazgo y ser un gerente eficaz. Finalmente, debes trazar tu curso para el camino profesional que deseas.

Dicho esto, utilice la inteligencia artificial para ayudar a editar algunas secciones de este libro con el fin de probar y confirmar que estaba transmitiendo el mensaje que quería compartir. Verás que estas lecciones provienen de experiencias personales. No son lecciones que las escuelas o la inteligencia artificial pueden enseñarte.

Adicionalmente, una advertencia. No soy académico. Estoy seguro de que hay oficiales que podrían haber escrito esto de una manera mucho más pulida que yo.

Finalmente, soy cristiano, aunque un cristiano terriblemente defectuoso. Aunque encontrarás un par de lecciones aquí que incluyen creencias cristianas y no las consideres como hechos, aún puedes encontrar algo de verdad. Independientemente de tus creencias, te invito a leer todas las lecciones de este libro ya que contienen ideas valiosas que se aplican al viaje de una vida en el ambiente de liderazgo. Deja que la sabiduría universal aquí te acompañe en tu camino único.

NOTAS DE EFECTIVIDAD PERSONAL

1. "Aquellos que saben 'Como' siempre tendrán trabajo. Aquellos que saben 'el porqué' serán sus jefes". (Emmerson)

Aprende cómo hacer tu trabajo lo mejor que puedas. Pero también aprende el porqué hacen lo que hacen.

Es una triste vista el ver jóvenes soldados pedirme que llene un formulario sin saber el porqué ese formulario debe llenarse.

Enseña a tus subordinados como hacer sus trabajos, pero enséñales el porqué también. Ayúdalos a crecer y convertirse en líderes. No les digas simplemente que vayan y hagan algo. Explica el impacto, el por qué y cómo encaja en la organización más grande.

Si no entiendes "el porqué" de tus tareas actuales, necesitas encontrar una forma de obtener una "tutoría" ya sea de tu jefe o tu equipo. NO tengas miedo de preguntar, especialmente si acabas de llegar a tu nuevo puesto. Recuerdo haber tenido que preguntar cuando era completamente nuevo en una unidad. Dije: "No soy tonto, solo soy nuevo. Ayúdame a entender el 'por qué' de lo que estamos haciendo".

Si tu jefe está tomando una decisión y no entiendes por qué, pregunta, ¿"Podemos aprovechar esto como un momento de aprendizaje para mí? ¿Para mi edificación, puede compartir como llego a esa conclusión y decisión?"

2. "Con gran poder viene gran ignorancia".

Cuando escuché esta cita por primera vez, resonó en mi debido a lo que me había enseñado un sargento primero del Ejército (E-8): Cuanto más avanzas de rango, más ignorante serás sobre lo que sucede en las líneas del frente. Y no eres más inteligente que el día antes de ponerte o coserte tu nuevo rango. Debes establecer herramientas sólidas, reglas de combate y un ritmo de batalla que garantice que tengas la información más actual. Lo más importante es que también debes crear un ambiente en el que las personas se sientan cómodas compartiendo la verdad contigo.

Nunca subestimes el factor de "maquillaje" sobre los asuntos. Escribía informes de estado como capitán (O-3) y, cuando se editaba para ser presentado a un civil del servicio ejecutivo superior, el reporte tenía muchas palabras. ¡Pero no decía nada! Era pura "vainilla". Un civil del servicio ejecutivo superior en las Fuerzas Armadas es una posición de nivel ejecutivo equivalente a un general en el ámbito militar y similar a los líderes de nivel C en el sector privado. Si eres el líder principal, necesitarás fortalecer la relación entre tus líderes de primera línea y tu para que se te proporcione la "verdad sobre el terreno" de manera oportuna sin que algún gerente intermedio manipule la información antes de que llegue a ti.

Algo más de tener en cuenta es que los profesionales que crecen como líderes suelen estar bastante seguros de sí mismos. Eso se refleja en su forma de comportarse y hablar, pero puede limitar como otros desean compartir sus ideas. Cuando esos líderes dicen algo, puede haber personas en el grupo que tienen una mejor idea o una preocupación válida, pero no dicen nada porque piensan: "Parecen bastante seguros, así que deben saber de lo que están haciendo. ¿Por qué debería decir algo?" La verdad es que no lo sabemos todo. Crea un ambiente en el que tu equipo se sienta cómodo expresando sus opiniones y pensamientos. Haz las preguntas: "Equipo, no lo sé todo. ¿Me estoy perdiendo algo? ¿Algún consejo? ¿Alguna idea? ¿Algún comentario?"

Después de avanzar un poco en rango, fui yo quien necesitaba estar atento al maquillaje sobre problemas. No esperaba que sucediera tan pronto, en el rango de mayor (O-4), pero sucedió y no olvidaré la reunión en la que ocurrió. Pedí a algunas personas que me estaban apoyando que llamaran a todos los gerentes de proyectos para que pudiéramos crear un par de Cursos de Acción que podríamos emplear para abordar un problema.

Añadí que iba llegar tarde, pero que podían comenzar sin mi y que yo llegaría después. Llegue a la reunión. Después de que terminó, le dije a un ingeniero que estaba allí: "Esa reunión salió bien". Él dijo: "No, ¡no salió bien!" "Esta gente llevaban mucho tiempo quejándose en la reunión antes de que llegaras. Una vez que entraste, dejaron de hablar y solo dijeron 'si' sin expresar su opinión y sin entender realmente la intención de tu dirección. Terminaron diciendo lo que pensaban que querías escuchar". Ahora me tocaba a mi encontrar formas de obtener la verdad sobre el terreno.

Otra forma en que el líder puede desarrollar ignorancia es cuando creen que han alcanzado un rango lo suficientemente alto o tienen suficientes años de experiencia como para no buscar consejo. Siempre les decimos a los oficiales más jóvenes (es decir, oficiales de grado de compañía) que busquen a miembros del cuerpo de suboficiales de más experiencia para que les enseñen más del campo en que están. Una vez que esos oficiales se convierten en oficiales de mayor rango (es decir, oficiales de grado de campo), muchos piensan que lo saben todo y que no necesitan buscar consejo. Sus decisiones a veces reflejan que no buscaron consejo. Obtener una franja más o la siguiente insignia brillante no te hace un día más inteligente de lo que eras antes.

En resumen, cuanto más avanzas de rango y título, más necesitas trabajar en obtener la verdad sobre lo que está sucediendo en el campo y tener consejos sólidos.

3. "Permite que tus subordinados evalúen y reorganicen".

Malcolm Gladwell, en su libro "Blink", comparte una lección del Teniente General (O-9) Paul Van Riper sobre brindar a tus líderes subordinados un tiempo para evaluar y reorganizarse después de un ataque antes de tener que reportarse contigo.

La lección del Teniente General (O-9) Van Riper es que después de un enfrentamiento intenso, los soldados y líderes pueden necesitar un breve periodo para recolectar sus pensamientos, evaluar la situación y recuperar su compostura. Esto es esencial para su capacidad de tomar decisiones efectivas.

En algún momento, las cosas pueden complicarse. Dale a tus líderes de equipo subordinados el tiempo para evaluar, reorganizarse y presentarte su enfoque. Permíteles solucionar el problema sin que te desesperes. Ofrece tu apoyo

De lo contrario, te entregarán evaluaciones inexactas, planes deficientes y, finalmente, un grupo de líderes subordinados tuyos que no quieren compartir nada contigo.

4. "Si no puedes explicárselo a un niño, no lo entiendes lo suficientemente bien". (Albert Einstein)

Desarrolla la habilidad de desglosar problemas complejos y explicarlos de una manera comprensible para otras personas. He conocido a algunos ingenieros y científicos que podrían hablar conmigo sobre matemáticas que te harían desmayar y despertar perplejo en un sudor frío. Pero la clave es ser un profesional que también pueda traducir esos asuntos para personas que no tienen tus habilidades y conocimiento. Se requiere un mayor nivel de compresión para poder hacer esto. Lidera a esas personas hacia una mejor comprensión del asunto en cuestión y asegúrate de que tengan ese momento de "¡aja!".

Si puedes explicar de manera sucinta un problema complejo sin perder el contexto, te vas a destacar como alguien que domina su oficio y es más inteligente.

A medida que avanzas en tu carrera, verás una verdad que Einstein compartió sobre cómo cualquiera puede saber cosas, pero el punto es entenderlas. Si puedes entender y ayudar a otros a entender, serás un líder más efectivo.

5. "Identifica cuál es el lagarto más cercano a tu lancha".

Cuando todo es importante, apoyar lo más urgente.

Habíamos estado manejando nuestra oficina como locos tratando de manejar todo lo que nos estaba llegando. Todo era importante. Mientras mi jefe le daba una presentación a su jefe, quedó claro que había varias cosas importantes que debíamos hacer y es posible que no tuviéramos la capacidad para hacerlo todo. Su jefe preguntó: "¿Cuál es el lagarto más cerca a nuestra lancha?" y eso nos dio orientación sobre cómo debíamos priorizar las cosas. ¿Cuáles eran las cosas que nos iban a afectar primero?

6. "Nunca tomes consejos de tus miedos". (Andrew Jackson)

Al comenzar tu carrera, habrá oportunidades que pueden parecer tan desafiantes que te asustarán. Deja que tus miedos se los lleve el viento y ve por esas oportunidades. Aprovecha esas oportunidades.

Si observas la historia, verás que algunas de las personas que cambiaron este mundo comenzaron muy jóvenes. No dudes debido a tu edad o inexperiencia. Mantén la curiosidad y avanza hacia tus objetivos con un sentido de urgencia.

Esta lección también se aplica a los equipos. Cuando un equipo atraviesa un escándalo o una gran pérdida, desarrollan cicatrices y establecen una nueva estructura de gobernanza que impide que alguien cometa los mismos errores del pasado. El problema es que el miedo impregna otras áreas de la organización y crea mucha burocracia. Ralentiza todo.

Con miedo, las organizaciones pierden el enfoque de las prioridades correctas. No permitas que tus equipos tomen consejos de sus miedos.

7. "No busques equilibrio. Busca armonía".

Recibí este consejo de un supervisor que se tomaba el tiempo para guiarme y ofrecer herramientas que me harían un mejor oficial. Compartió que no existe la idea de buscar un equilibrio entre tu trabajo y tu vida personal. Debes buscar la armonía entre los dos. Me recordó lo que decía una oficial que conocí: "Puedo ser la mejor oficial, madre y esposa del mundo, pero no todo en el mismo día". Debes bloquear el tiempo para cada una de tus necesidades; trabajo, hijos, matrimonio, etc. Busca formas de dedicar una cantidad significativa de tiempo con tu familia y para tu trabajo.

Un buen amigo mío compartió que cuando programas bloques de tiempo para tener tiempo de calidad con tu familia, no puedes programar fragmentos de tiempo para cada área de tu vida y pensar que has programado tiempo de "calidad". Buscar tiempo de calidad es como buscar oro. Debes dedicar mucho tiempo para encontrar el oro. No puedes simplemente programarlo y encontrar el oro de inmediato. Programa la mayor cantidad de tiempo posible para pasar con tu familia. Concéntrate en eso y durante tu tiempo juntos, ahí encontrarás el oro.

8. "Si nadie va a perder su cumpleaños mañana porque no envías este próximo correo electrónico, ve a casa y pasa tiempo con tu familia".

Durante mi trabajo en una oficina de comandancia, mi jefe compartió esta lección conmigo. Aprende cuándo dar por terminado el día. Cuando mires tú horario y las tareas por delante, estima lo que se puede hacer. En algún momento del día, debes ir a casa y pasar tiempo con tu familia. Si no tienes familia, también necesitas tiempo para cuidarte a ti mismo(a). Pregúntate: "Si no termino de enviar este correo hoy, ¿alguien perdería su cumpleaños mañana?" Si la respuesta es "no", ve a casa.

9. "No puedes verter de una taza vacía".

Esta es otra lección sobre cuidar de ti mismo, pero ofrece un punto de vista diferente.

Una sabia líder que conocí en la industria privada compartió esto conmigo. Ella agregó: "No le darías a alguien una vela quemada, pero eso es exactamente lo que haces cuando descuidas tu propia salud. Quieres darle a tu equipo y a tu familia lo mejor de ti, no lo que te queda".

¡Cuídate a ti mismo(a)! Recárgate. Encuentra un pasatiempo y una forma de recrearte regularmente. Descansa. No te quemes trabajando.

Necesitas descanso. Esta es un área en la que falle durante mucho tiempo. No fue hasta que decidí aprender a andar a manejar motocicletas, compré una Harley y viaje desde Texas hasta el Gran Cañón que me sentí tan recargado como nunca. Llegar en moto y ver la majestuosidad del Gran Cañón, Horseshoe Bend y Monument Valley lleno mi corazón. Tomate un tiempo para cuidar de ti mismo(a).

Comienza un pasatiempo, especialmente si estás pasando por un momento difícil debido a una pérdida o una mala experiencia en el trabajo. Cualquier reto que te haga usar tu intelecto y tu valentía siempre es una buena forma de terapia.

Mientras tomas tiempo libre, aprovecha la oportunidad para aprender y mejorar tus habilidades. John C. Maxwell cuenta la historia de dos hombres que compitieron en cortar leña. Uno de los hombres era grande y alto, mientras que el otro era bajito. El hombre más grande pensó que había ganado la competencia desde el principio. A medida que pasaba el día, el hombre más pequeño tomaba muchas pausas. Esto hizo que el hombre más grande se sintiera más seguro. Sin embargo, al final del día, el hombre más pequeño ganó. La razón detrás de esto fue que el hombre más pequeño afilaba su hacha mientras descansaba. Necesitas descansar y afilar tu hacha.

10. "Si tienes una buena idea, dila en público".

Cuando empecé a trabajar en el liderazgo del desarrollo de software en el ámbito militar, me asignaron a una organización en la que dos ingenieros competían por un puesto más alto. En esa competencia, uno de ellos noto que otros rechazaban buenas ideas por cualquier motivo personal, pero al final eran buenas ideas que tenían sentido. Tal vez fuera envidia, competencia, egoísmo, o cualquier otro motivo, pero debía haber una forma de compartir ideas inteligentes. Él dijo: "Si compartimos una idea inteligente en público y no solo con dos o tres personas en la sala de reunión, otros van a dudar en rechazar ideas inteligentes porque solo las personas tontas rechazan ideas inteligentes y no quieren parecer tontos en público". Habla con un amigo de confianza y comparte tus ideas para que te ayude a prepararte para presentarlas al equipo. Luego, compártelas con el equipo, en público.

11. "Ten una relación con tus homólogos".

Puede ser común que tú organización haga negocios con otra organización dentro de tu empresa o externamente. Identifica a tu homólogo en esa organización y establece una relación de confianza para crear una relación laboral. Si surge algún problema, abórdalo juntos si es necesario antes de que llegue a niveles superiores. En ocasiones, tus subordinados pueden encontrarse con un problema que puedes resolver a tu nivel si tienes esa relación de trabajo con tu homólogo.

12. "En algún momento, todos necesitamos ayuda".

No tengas miedo de pedir ayuda, Una cita que leí cuando era niño siempre ha estado en mi mente: "Una mano lava la otra". Estamos aquí el uno para el otro. Es importante saber cuándo necesitamos ayuda y adelantarnos a pedirla. Por lo general, no somos tan buenos como creemos y, mientras trabajamos hacia nuestras metas, habrá días en los que necesitemos ayuda para seguir adelante. Busca ayuda. Busca sabiduría. Reconocer cuando necesitamos ayuda es un rasgo de fortaleza verdadera, reflejando que entendemos que no podemos lograrlo todo, pero con ayuda estamos dispuestos a volver a atacar un objetivo y cumplir nuestra misión.

Ha habido momentos en los que he necesitado ayuda en el trabajo. Durante mi divorcio, mi capacidad de atención era limitada y mi nivel de energía estaba muy bajo. No era muy eficiente en el trabajo durante ese tiempo. Tuve que tomar un tiempo libre. La experiencia de enfrentar un fracaso tan grande en algo tan importante en la vida me estaba aplastando. Mi equipo y el subjefe de la sección que estaba sobre mí estaban siempre ahí para ayudarme. No podría haberlo logrado sin mis compañeros de equipo. Venían a mi oficina para ver cómo estaba y hablar conmigo. Cuando estábamos afuera de la oficina, me enviaban mensajes de texto o me llamaban para ver cómo estaba. Me inspiraron muchísimo.

Si el tipo de ayuda que necesitas es ir donde un consejero, adelante. No dudes ni tardes. Es posible que debas buscar un poco para encontrar el consejero adecuado que comprenda tu situación y pueda ofrecerte sabiduría que puedas aplicar. Hazlo. Encuentra un consejero para ayudarte a superar la depresión o el bache por el que estás pasando. Hay una cita que dice: "Esta bien no estar bien". Puedes interpretarlo de varias maneras, pero mi consejo es que debes estar bien (es decir, cómodo(a)) con buscar ayuda. Regresarás más sabio(a) y más fuerte. También regresaras con una visión más amplia para tu vida.

13. "¡Ten compasión contigo mismo(a)!"

Si has vivido un fracaso, debes practicar la autocompasión. Estudios han demostrado que cuando las personas son compasivas consigo mismas, les brinda mucho más espacio para pensar y crecer. Ser demasiado inflexible con uno mismo(a) y engañarse a sí mismo(a) nos encierra en una profecía autocumplida.

Una vez, un consejero me dio una recomendación: "Si estás pasando por un momento difícil y quizás has vivido un fracaso recientemente, te debes escribir una carta. Escribe la carta como si te dirigieras a un amigo, pero es para ti. Reconoce las fortalezas de ese amigo y ofrécele consejos. ¡Luego lee la carta!" Si deseas lograr grandes cosas, necesitas tener un sólido entendimiento de tus debilidades y tus fortalezas sin subestimar una y exagerar la otra.

Serena Chen escribió un excelente artículo sobre la autocompasión en la Harvard Business Review. Ella nos recuerda que "cuando experimentamos un revés, culpamos a otros o nos culpamos a nosotros mismos. Incluso nos podemos regañar a nosotros mismos". Yo lo he hecho. Aun así, ninguno de estos enfoques es productivo. Chen recomienda que "nos tratemos a nosotros mismos como lo haríamos con un amigo en una situación similar". Ella señala que "seríamos amables, comprensivos y alentadores" (Serena Chen).

Según Chen: "Las personas que practican la autocompasión también tienen una mejor comprensión de que los fracasos son una experiencia humana compartida. Se sienten mal por su fracaso, pero no permiten que sus emociones lo dominen". Algo que resonó conmigo es como explica que "uno de los requisitos clave para la autosuperación es tener una evaluación realista de donde nos encontramos. Debemos conocer nuestras fortalezas y nuestras limitaciones". Explica que "convencernos de que somos mejores de lo que somos lleva a la complacencia y pensar que somos peores de lo que somos lleva al derrotismo".

Ambos obstaculizan nuestro crecimiento. "Cuando las personas pueden tratarse con compasión, están en mejor posición para llegar a una autoevaluación realista, que resulta ser un fundamento para la mejora. Se convierte en una base para una mentalidad de crecimiento". (Serena Chen)

Algunos aspectos que aprendí de Chen son que la autocompasión puede llevar al crecimiento más que las críticas internas y que "la autocompasión sustenta un proceso de pensamiento que establece que realmente crees en ti mismo(a)". Deberás decidir entre 'Autocompasión' vs. 'Autodesprecio'". Es mucho más saludable optar por la autocompasión. (Serena Chen)

En lo que respecta al liderazgo, ella dice que la autocompasión y la compasión por los demás están vinculadas. Practicar una de ellas fortalece la otra. Ser amable y no juzgar a uno mismo(a) es una buena práctica para tratar a los demás con esa compasión". Chen escribe que "los subordinados pueden discernir cuando sus líderes tienen una mentalidad de crecimiento, lo que los motiva y satisface más, además de que es más probable que ellos también adopten una mentalidad de crecimiento". (Serena Chen)

Lo que más me impresionó fue la idea de que "debemos eliminar el estigma de los fracasos". El fracaso es un subproducto de la innovación...y de la vida". (Serena Chen).

Hay una vieja cita de Theodore Roosevelt llamada "El hombre en la arena". Siempre me ha ayudado cuando enfrento un error o fracaso. Aunque la mayoría de las personas en mi círculo la han leído, la incluiré aquí para que puedas leerla:

"No es el crítico quien cuenta; no es el hombre que señala como el hombre fuerte tropieza, o donde el hacedor de obras podría haberlas hecho mejor. El crédito pertenece al hombre que realmente está en la arena. Cuyo rostro está desfigurado por el polvo el sudor de su sangre; quien lucha valientemente;

quien yerra, quien cae una y otra vez, porque no hay esfuerzo sin error y sin error y sin defecto; pero quien de hecho se esfuerza por hacer las obras; quien conoce grandes entusiasmos, las grandes devociones; quien se entrega a una causa digna; quien en el mejor de los casos sabe al final el triunfo de un gran logro y quien en el pero de los casos, si falla, al menos falla mientras se atreve en grande, de modo que su lugar nunca será con esas almas frías y tímidas que nunca conocen la victoria ni la derrota". (Theodore Roosevelt)

14. "Cuando los ojos gotean, la cabeza no se hincha".

Esta cita me llamó la atención en un artículo hace algunos años. Está bien mostrar vulnerabilidad. No disminuye tu estatus como líder. Hay momentos en la vida que son una verdadera patada en los dientes ya sea para ti o para alguien a quien amas. Está bien llorar. Nos mantiene humildes y es algo bueno mantener la humildad.

15. "En la multitud de consejos, hay sabiduría".

No hay un genio único en el tema del liderazgo. Busca múltiples mentores y consejeros. Tome esta lección de la Biblia y ha demostrado ser verdadera. Ojalá hubiera podido encontrar más mentores en mi camino. Escribir este libro es mi forma de compartir contigo la sabiduría que recopilé de los pocos líderes de los que aprendí, junto con las lecciones que aprendí de primera mano.

No hay un gurú en una colina en algún lugar que lo sepa todo y pueda guiarte todo el camino hacia tus objetivos. De hecho, si tienes un consejero así a quien debes consultar antes de cada acción, despídete de él o ella. El valor de un consejero y mentor es que te capacitan Te ayudan a identificar las oportunidades y amenazas en tu camino, así como las herramientas que puedes llevar contigo. Como mencioné antes, te capacitan. Si no lo hacen, no sigas hablando con ellos. Si creen que lo saben todo, deshazte de ellos.

16. "Si trabajas constantemente desde tu bandeja de entrada de correo electrónico, estarás trabajando en las prioridades de otras personas y no las tuyas".

Cuando escuché esta cita por primera vez, me hizo pensar en cómo tenía que mantener un ritmo rápido para revisar el correo electrónico. A medida que avanzas en rango, notaras que tu bandeja de entrada de correo electrónico se llena de más mensajes. Debes ser capaz de revisar el correo electrónico lo más rápido posible. Cuando fui seleccionado para ser oficial ejecutivo por un año, me estaba poniendo un poco ansioso por la cantidad de correos electrónicos que iba a recibir y no sabía cómo podría revisarlos lo suficientemente rápido. Afortunadamente, el oficial ejecutivo que iba de salida, es un gran oficial y una persona increíble, que compartió algunas lecciones conmigo sobre cómo revisar el correo electrónico mucho más rápido de lo que jamás lo había hecho. Microsoft y Gmail tienen funciones rápidas que te ayudarán a revisar el correo electrónico más rápido. Búscalas y familiarízate con ellas. ¡El oficial ejecutivo saliente compartió conmigo su conocimiento sobre las funciones rápidas de Microsoft Outlook y cambió mi vida!

He llegado al punto en el que no uso el "mouse" con tanta frecuencia. Abro un correo electrónico, lo leo y luego lo elimino (Ctrl + D) o lo archivo (Ctrl + Shift + [número de folder donde deseas archivarlo])

y luego mi siguiente correo electrónico aparece en la pantalla sin que tenga que hacer clic en mi bandeja de entrada. Puedes configurar tu correo electrónico para que funcione de esa manera a través del menú de Opciones de correo electrónico. En resumen, debes revisar el correo electrónico lo más rápido posible.

Organízate para poder avanzar más rápido. Se dice que "la organización es el alma del éxito". Tomate un tiempo lejos de la oficina para reflexionar sobre cómo organizarte. No seas esa persona que siempre se queja de lo ocupada que está. Eso es una señal de que fuiste contratado para un trabajo para el que no estás preparado.

Cuanto antes puedas terminar de responder a los correos que realmente necesitan respuesta, lo más pronto podrás volver a las prioridades más importantes para tu equipo.

17. "Una herida no sentida es una herida no curada". (John Eldredge)

A menudo discutíamos sobre qué oficiales eran los mejores líderes; si eran los que venían de las academias, el Cuerpo de Entrenamiento de Oficiales de Reserva, La Escuela de Candidatos a Oficial, etc. A veces escucharás que los oficiales que fueron previamente enlistados (es decir, oficiales mesteños) son los mejores líderes. Descubrimos que era "d. nunca de las anteriores". No era el origen de su comisión lo que hacía de un oficial un gran líder. Era su corazón, su familia y las personas con las que se rodeaban.

Hay otro lado de esa moneda. El oficial también puede llegar con heridas debido a la familia de la que proviene y las personas con las que se ha rodeado. A veces ni siquiera nos damos cuenta, pero estamos cargando estas heridas invisibles. Tomamos decisiones tontas debido a "cicatrices". He visto la cita "Gente herida hiere a otros". Es cierto. Es mejor buscar cómo sanar para poder ayudar a otros en lugar de herirlos. Tu equipo siempre recordara como los hiciste sentir No quieres ser el tupo que siempre recuerdan como el tonto antipático.

Haz un examen introspectivo y verifica si hay heridas y cicatrices que requieren atención. Busca ayuda para sanar para que tus decisiones sean sabias.

18. "Haz que tu marca sea conocida".

Un coach me compartió esta lección. A medida que te involucres en el trabajo y en la comunidad de tu organización, haz que tu marca sea conocida a través de tu desempeño. Identifica las tres palabras que te gustaría que tus líderes, subordinados y compañeros piensen cuando piensen en ti.

En mi caso, sigo esforzándome por reflejar mi marca: Inspirador, Confiable y Solidario.

a) Inspirador:

i. Empoderar a mi equipo para desarrollar su creatividad.

ii. Ser un líder amable y compasivo.

b) Confiable:

i. Ejecución disciplinada.

ii. Transparencia.

iii. Prácticas éticas.

c) Solidario:

i. Respetuoso.

ii. Justo.

iii. Reconocer mis propios errores.

d) Comparte tus pasiones. En mi caso, son las siguientes:

i. Hacer crecer a un equipo y empoderarlos para alcanzar objetivos difíciles.

ii. Liderar el desarrollo de tecnología que cambie el juego.

iii. Trabajar en algo que haga una diferencia en la comunidad, la nación y/o la población en general.

Has escuchado que "Se trata de quien conoces", pero eso no es del todo cierto. Podría caminar hasta la Casa Blanca y decirles a los guardias que me dejen entrar porque conozco al presidente. Técnicamente, se trata de quien te conoce. En el ejemplo de mi en la Casa Blanca, ¿me conoce el presidente?

Otros te llegaran a conocer. ¿Pueden confiar en que eres un profesional de la más alta calidad? Es en ese momento cuando te ayudarán a abrir puertas de oportunidad. Trabaja duro para que otros puedan conocer tu marca (en inglés: Your Brand) a través de conocerte y ver como trabajas.

19. "Los grandes logros no tienen un mapa de ruta". (The West Wing)

"El rayo-X es bastante bueno, al igual que la penicilina y ninguno se descubrió con un objetivo práctico en mente...Haydn y Mozart nunca estudiaron música clásica. No podrían. La inventaron". (The West Wing)

A veces no se trata de descubrir un camino hacia adelante. Se trata de crearlo. Nunca subestimes el poder de tu creatividad.

20. "Aprende a hablar en público".

No hay sustituto para que el líder pueda hablar con sus tropas y líderes superiores. El líder debe poder comunicarse de manera efectiva. No puedes liderar a través del correo electrónico. Debe haber una palabra hablada. Incluso en el mundo actual donde muchos trabajan de forma remota, debes poder hablar con tu equipo y tus líderes de manera articulada y efectiva. Ya sea en persona o en cámara. A veces debe ser en persona.

Algunos de nosotros tenemos dificultades para hablar en público. Yo lo tuve durante mucho tiempo. Cuando la Fuerza Aérea comenzó a hacerme hablar en público, sonaba como si me estuviera tragando la lengua. Por un momento, pensé: "Tal vez esto de liderar no es para mí". Cuando lo mencioné a nuestro comandante de destacamento, él me dijo que tenía el mismo problema, pero tenía una técnica. Explicó: "Fingí que soy un actor y que necesito ser otra persona mientras estoy de pie. Pat ha salido del edificio y soy un actor hablando a una audiencia". ¡Le funciono!

Si tienes dificultades para hablar en público, busca algo que te ayude. Prueba asistir a un club como "Toastmasters". No te desanimes. Gran parte de lo que conocemos como liderazgo se trata de tu corazón, así que no dejes que los problemas con la oratoria se interpongan.

21. "¡Lee!"

Se dice que "el lector de hoy es el líder del mañana". Necesitas leer.

El Secretario de Defensa y General de la Marina, Jim Mattis, explica: "Si no has leído cientos de libros, eres funcionalmente analfabeto y serás incompetente, porque tus experiencias personales por sí solas no son lo suficientemente amplias para sostenerte". ¿Necesito decir más?

Un líder empresarial famoso dijo que una de las preguntas que hace en las entrevistas a los posibles empleados es "¿Cuál fue el último libro que leíste?"

La respuesta le indica cuán curiosa es la persona en realidad y cuánto les gusta aprender. Si quieres crecer como líder, tendrás que leer y seguir aprendiendo. Si no te gusta aprender, no te dediques a ser líder. Si no tienes tiempo para coger un libro, usa audiolibros. Puedes escucharlos mientras cocinas o conduces. Si te pierdes alguna parte porque te distraes con algo más, simplemente retrocede, pero no continúes la vida sin leer.

Además de la lectura, es la escritura lo que te ayudará a aprender y crecer. Hay algo que te ayuda cuando escribes tus ideas. Facilita tu resolución de problemas, la autoevaluación, la generación de ideas, la memoria y la claridad de ideas. Necesitas leer, ¡y no olvides escribir!

22. "Crece donde estás plantado".

Mi primera asignación como oficial recién graduado fue en un pueblo que estaba en medio de la nada. Era una unidad tan pequeña que no me sentía desafiado a crecer y estuve miserable durante el primer año. Lo peor de todo es que no solo odiaba el lugar, sino que también odiaba el campo profesional en el que la Fuerza Aérea me había colocado: Adquisiciones.

Fue frustrante que la Fuerza Aérea decidiera que los oficiales militares fueran parte de un campo profesional de oficiales de línea que no requería liderazgo militar ya que el trabajo no involucra despliegues ni liderazgo de tropas. De hecho, podríamos comenzar el trabajo sin ningún entrenamiento formal. Si ese es el caso, ¿por qué no simplemente contratar civiles? ¿Por qué estaba yo ahí?

Intenté dejar el campo profesional para unirme al Ejército y luego para un programa de vuelo de la Fuerza Aérea. Ambos intentos fracasaron debido a algún problema médico ya sea por mis rodillas o mi Daltonismo. Le dije a mi jefe funcional de la carrera: "¿Cómo puedo estar aquí para probar sistemas de armas para el personal de combate si nunca he sido un combatiente? Serví en Irak, pero como soldado raso y teníamos una visibilidad muy limitada del entorno operativo. Solo establecimos un campamento, llenamos sacos de arena y nos dispararon, sin comprender el entorno que nos rodeaba más allá de saber que había tipos malos que intentaban matarnos. Desplegarse como oficial en un campo operativo te brinda una perspectiva más amplia. Le dije al gerente funcional: "Si quieres que pruebe sistemas para el personal de combate, ¿no sería yo mejor en mi trabajo si tuviera experiencia como combatiente?" Sin entrar en detalles sobre mi desacuerdo con la gestión de la Fuerza Aérea del personal militar de Adquisiciones, nadie escuchaba mi súplica de que me liberaran de la asignación en la que me había colocado la Fuerza Aérea.

Leí una vez que cuando los tipos más duros se enfrentan a un problema que no pueden resolver, llaman a su madre. Así que lo hice. Le dije a mi madre: "No sé por qué estoy aquí". Mi madre, con una formación cristiana, me dijo: "Imagina cómo se sintió Noé construyendo un barco cuando nunca había habido un diluvio antes. Fácilmente podría haberse preguntado por qué estaba allí y por qué estaba realizando una tarea que no tenía sentido". Ya sea que creas o no en la historia del Arca de Noé, el principio es que hay una oportunidad para construir y cultivar algo, para florecer, incluso cuando no ves el propósito de por qué has sido plantado allí.

Después de esa conversación, comencé a buscar áreas en el trabajo donde pudiera "construir un arca" y ayudar. Nuestro jefe pasaba sus días resolviendo problemas que no eran realmente problemas. Quería ayudar donde realmente importara. También comencé a dedicar más tiempo a mejorar mi condición física. Luego comencé a hacer trabajo voluntario en una iglesia local. En un par de meses, había tenido la oportunidad de conocer lugares increíbles, comenzado a hacer ciclismo de montaña en un sendero impresionante, me involucré en ayudar a un grupo de jóvenes en una iglesia local y tuve un gran impacto en el trabajo.

Centrándome en crecer, ignoré lo negativo y mantuve mis ojos en las oportunidades. Mirando hacia atrás, el pueblo donde vivía parecía ser una parada de camiones gigante en medio de la nada en el suroeste. Es lo que el resto del país podría ver. Yo veía un lugar increíble con paisajes impresionantes,

comida increíble, gente maravillosa y una comunidad sólida de científicos, ingenieros y profesionales médicos. Florecer donde te plantan te ayuda a ver cosas que otros pasan por alto. Crecí mucho, tanto profesional como espiritualmente. De más de veinte años de servicio militar, esa asignación sigue siendo una de mis favoritas.

Si acabas de llegar a tu primera asignación y sientes que es un callejón sin salida para ti, concéntrate en aprender y crecer con cualquier cosa que te presenten. A menudo, el trabajo duro llega antes de que tus líderes se sientan cómodos con darte una oportunidad de trabajo. Hay lecciones en este libro que te ayudarán en esos casos de oportunidades nuevas. Quédate conmigo, sígueme.

23. "No lideres con tu rango".

A medida que me profundizaba en el campo de Adquisiciones dentro del ámbito militar, no pude evitar notar, para mi pesar, que se asemejaba menos a la cultura militar tradicional y más al mundo corporativo. Odiaba estar en una reunión de comandantes y mirar a través del auditorio y ver que el 90% de la fuerza laboral vestía ropa civil. ¡Quería estar en la milicia! Estaba absolutamente emocionado cuando pude dejar ese mundo atrás y unirme a una unidad operativa.

Después de mi período de intercambio operativo, regresé a Adquisiciones con algo de "credibilidad de la calle" en operaciones, pero la mayoría de los civiles todavía tenían un rango superior al mío. La comunidad de Adquisiciones tiene una estructura de mando muy jerárquica. Esto me obligó a depender de mi carácter y habilidades en lugar de mi rango. Una de las peores cosas que la Fuerza Aérea hizo conmigo cuando me asignaron al campo de Adquisiciones fue también una de las mejores cosas que la Fuerza Aérea hizo por mí. Se sentía genial liderar por quien soy y no por la insignia en el cuello de mi camisa. No había respuestas automáticas de "¡Sí, señor!" cuando pedía algo, como solía escuchar cuando estaba en una unidad operativa, pero lideramos el cambio como equipo y marcamos una diferencia. No alimentó mi ego. Alimentó mi alma.

Hubo momentos que fueron extremadamente frustrantes debido a tanta burocracia. A diferencia de muchas organizaciones en las que todo se resuelve al nivel más bajo posible, las organizaciones de Adquisiciones militares hacen que todo llegue a la cima. Imagina tratar de liderar y provocar un cambio en ese entorno. La gente se pone nerviosa cuando se trata de millones de dólares y, en mi opinión, no hemos hecho mucho para crear un entorno en el que permitamos que los profesionales más jóvenes tomen decisiones por sí mismos. Como profesional junior, sentía que estaba en una lucha y que tenía que coordinar con la cadena de mando para obtener aprobación para cada movimiento que quería hacer. No llegarás lejos. Pierdes demasiada eficiencia.

Hay algunas organizaciones de Adquisiciones que han logrado cambios increíbles y han empoderado a sus profesionales más jóvenes. Realmente los felicito por eso. La mayoría de las unidades con las que trabajé requerían que hicieras muchas consultas antes de tomar medidas. Se requería una gran cantidad de habilidad y negociación para impulsar el progreso y lograr algún cambio. Hubo momentos en los que habría preferido masticar vidrio.

Crece tanto como puedas. Mejora tus habilidades de liderazgo, negociación, comunicación y otras habilidades que puedas aplicar. Eso será lo que te permitirá liderar y será muy gratificante liderar con tus habilidades. No con tu rango. Al final, me alegra haber tenido la experiencia de Adquisiciones militares. Se siente bien saber que lideré como profesional junior debido a quién soy y no por el rango que llevaba.

Si llevas un rango o un título, intenta crear un entorno en el que puedas ignorar un poco tu rango. Lidera con tu carácter y tus habilidades. Existe un dicho que dice: "Sé tan bueno que no puedan ignorarte". Crece para ser un profesional y líder tan fuerte que incluso cuando quieran ignorar tu rango, no puedan ignorarte a TI.

24. "Pasión + Perseverancia = Determinación"

Hay un excelente libro titulado "Grit" del que aprendí esto. "Las calificaciones, las puntuaciones en pruebas estandarizadas y la condición física eran los peores predictores del éxito". El mejor predictor era la determinación individual.

Entonces, si no eras sobresaliente en la escuela, no te preocupes por eso. Eso no dictará tu nivel de éxito.

25. "Ahorra dinero e invierte sabiamente".

Cuando conseguimos nuestro primer trabajo, estamos tan tentados a comprar ese coche nuevo, además del préstamo estudiantil que podemos estar cargando. El problema es que, si tienes mucha deuda, no podrás concentrarte tanto en tu trabajo y tu misión.

Ahorra e invierte tu dinero. Habla con un asesor financiero tan pronto como recibas tu primer salario.

26. "Tu compañero de vida puede tener un impacto transformativo en tu vida".

Quién elijas como pareja de vida tendrá un impacto en tu crecimiento personal y profesional. Pueden apoyarse mutuamente o pueden afectarse negativamente mientras ambos intentan alcanzar sus metas y sueños. Bob Woodward le preguntó a Colin Powell: "¿Quién fue la persona más grande que has conocido? No... un líder, no necesariamente, sino la persona interna. Ya sabes, la brújula moral, el sentido de la propiedad, la importancia de la verdad. ¿Quién es esa persona en toda tu vida?" Powell respondió: "Es Alma Powell", su esposa.

Añadió: "Siempre estuvo allí para mí, y me decía: 'Esa no es una buena idea'. Por lo general, tenía razón".

Desafortunadamente, comenzando mis treinta, me casé con alguien con quien estaba unido en un yugo desigual. Discutimos sobre la fe, el dinero y la familia. Fue un peso enorme de llevar para ambos. Se volvía peor cada año porque cada uno manejamos el conflicto de manera muy diferente. Después de siete años, nos divorciamos. Tenía 39 años. Nunca tuvimos hijos. Al cumplir 40 años, fue desgarrador ver que algunos de mis sueños simplemente se desvanecieron en el aire. Durante ese tiempo, también estaba aplicando para una asignación para avanzar en mi carrera. Me avisaron que no me seleccionaron. Sentí que todo me estaba saliendo mal. Al cumplir 40 años, todo en lo que intenté tener éxito (por ejemplo, familia, finanzas, trabajo) fue un fracaso. Me sentía como un fracaso. Afortunadamente, me levanté de nuevo. Se lo debo a ocho personas que constantemente llegaban a mi oficina o me llamaban para ver como estaba. Me daban consejos y me alentaban con gran sabiduría. Algunos de ellos eran personas con las que lograba hablar todos los días, y a veces un par de veces al día.

¿Alguna vez has oído hablar del Dr. John Gottman? Gottman era un matemático que se convirtió en psicólogo. Observó a varias parejas en un estudio universitario. A medida que detectaba pequeñas señales que causarían que la relación fracasara, pronosticaba si se iban a separar o si se iban a divorciar. Después de varios años, llamaron a las parejas de nuevo y se dieron cuenta de que Gottman tenía razón alrededor del 90% de las veces en su evaluación de si la pareja iba permanecer junta o no.

¿Qué fue lo que Gottman vio en esas parejas? Gottman enseña "Los Cuatro Jinetes del Apocalipsis de la Relación". Explica cómo sí hay tan solo señales pequeñas de desprecio, crítica, bloqueo y defensividad, tu relación se dirige hacia el fracaso. No puedes tener una relación duradera con uno o más de estos cuatro problemas.

El Dr. Gottman también escribió un libro llamado "Ocho Citas". Los casos que él comparte en el libro son muy básicos. Básicamente, enumera ocho cosas sobre las que tú y tu pareja deben hablar para tener una relación exitosa. Hablen de estas cosas ya que pueden aplicarse a su relación. No es necesario que estén de acuerdo en las ocho cosas, pero deben sentirse bien con la posición de cada uno en esas ocho áreas. De lo contrario, empezarán a verse mutuamente como adversarios y probablemente entrarán en una espiral descendente. Sería mejor discutir estos temas y analizarlos antes de decidir comprometerse, pero si ya tienes un matrimonio, estos puntos te pueden ayudar a tener la conversación con tu cónyuge para aclarar ciertas cosas. Aquí está la lista de esas ocho conversaciones que puedes tener con tu pareja.

a) Manejo de conflictos; ¿cómo responde cada uno cuando se enoja?

b) Trabajo y Dinero; ¿cuánto tiempo dedicarán al trabajo? ¿Cómo se administrarán los gastos?

c) Familia; ¿qué papel jugarán las familias de cada uno en su hogar/relación?

d) Diversión y Aventura; ¿qué hacen cada uno para divertirse?

e) Crecimiento Personal y Espiritualidad; ¿cómo crecen cada uno? ¿Cuál es el trasfondo espiritual de cada uno?

f) Sueños; ¿cuáles son sus sueños?

g) Sexo; ¿qué necesitan cada uno para tener una vida sexual plena?

h) Confianza y Compromiso; ¿qué significa el compromiso para cada uno de ustedes?

Puedes buscar el libro para obtener una mejor idea de las enseñanzas de Gottman.

Si te casas con la persona adecuada, podrán crecer juntos. Uno de los mejores consejos que he escuchado sobre encontrar a la persona con la que quieres casarte es escribir las cualidades que deseas en un compañero. Luego, esforzarte en convertirte en una mejor versión de ti mismo(a) reflejando esas cualidades. Otro consejo que resonó en mí es escribir una carta a tu futuro cónyuge y decirle lo que amas de él o ella, por lo que estás agradecido(a) y cómo le admiras. Te dará claridad sobre lo que estás buscando.

Una de las situaciones más difíciles que he visto es cuando un amigo decide dejar su carrera porque quiere apoyar a su cónyuge y su cónyuge acaba dejándolo de todos modos. ¡Ten cuidado! No dejes lo que amas hacer por alguien que no tiene la intención de quedarse contigo de todos modos. Si sabes que ambos se han apoyado y seguirán apoyándose mutuamente, esa es una historia diferente. Todo vuelve al punto de encontrar al compañero adecuado.

Antes de casarte, ve a un consejero para consejería prenupcial (por separado y juntos). También, consulta a un abogado para obtener consejos sobre cómo administrar mejor tus bienes y finanzas. Habla con un abogado incluso antes de comprometerte. Si estás en las Fuerzas Armadas, antes de comprometerte, habla con un abogado en tu instalación para comprender verdaderamente lo que entra en juego en un matrimonio en cuanto a finanzas y otros beneficios. Existen muchos mitos legales. Habla con alguien antes de tomar la decisión de comprometerte.

Una vez casados, recomiendo asistir a al menos un retiro matrimonial al año y visitar a un consejero matrimonial una vez al año solo para un chequeo.

Intenta crecer juntos y aprender a fortalecer tu relación. Uno de los mejores consejos que he encontrado sobre el matrimonio es que no es 50/50, es 100/100. El orador al que estaba escuchando dijo: "Cualquiera que te diga que se encuentren a mitad de camino generalmente es uno quien no puede calcular bien la distancia". Además, nunca subestimes lo egoístas que somos. Es por eso por lo que es importante que pasemos tiempo juntos con nuestra pareja, asistamos a un retiro, hablemos con un consejero, fortalezcamos nuestra relación. Si tienes un trabajo exigente, reserva al menos un día a la semana en el que no mires tu teléfono ni tu computadora en absoluto para dedicar las 24 horas a tu familia. No dediques ese día a hacer mandados y trabajar en casa. Sal a hacer algo juntos. Tengan al menos ese día.

**Si ya estás divorciado y debes pagar algún tipo de dinero a tu ex o si simplemente perdiste una suma exorbitante de dinero por tu ex, haz todo lo que esté a tu alcance para no quedarte amargado por ello. Envenenará tu vida. Tómalo como una lección costosa que aprendiste y trabaja para tener éxito en la realización de tus propios sueños; ¡crea una nueva vida! Nunca subestimes tu creatividad y tu habilidad de crear una nueva vida para ti. Si necesitas hablar con un consejero o mentor en el proceso, ¡hazlo! Haz lo que consideres necesario para fortalecerte y crear una nueva visión para que puedas alcanzar tus metas y sueños.

27. "Protege tus tres F".

Familia, fe y física.

Hay una entrevista en línea donde un caballero explica que, si su fe no cabe por la puerta de una nueva oportunidad, no es una oportunidad para él.

Si algo ya sea trabajo o alguien con quien estás saliendo, no te permite llevar contigo a tu familia, tu fe y tu salud física, deja pasar esa oportunidad. Como han dicho algunos amigos: "otro autobús pasará en 15 minutos". En otras palabras, vendrán más oportunidades en tu camino.

28. "Si no escuchan tus ideas porque eres joven, ¡vete!"

Probablemente has escuchado el dicho "el cielo es el límite", pero "hay huellas en la luna". Lo que eso realmente significa para mí es que tu creatividad es el límite, no el "cielo" ni tu edad, ni nada más.

Varias personas en la historia tenían veinte años cuando comenzaron a hacer algo que cambiaría el mundo (por ejemplo, Steve Jobs, Bill Gates). La experiencia no fue un factor. Fue la curiosidad y la creatividad. No ves a muchas personas en sus cuarenta años haciendo tanto porque "lo sabemos todo" y perdimos la curiosidad.

En serio, tu creatividad es tu límite. Si puedes imaginarlo, puedes crearlo. Dedica tiempo a hablar con tu equipo sobre cómo quieres que sea tu mundo y trabaja en crearlo. Hazlo realidad".

29.ʺCuando llegues a tu unidad y nadie ofrezca información sobre dónde puedes contribuir, busca la COST de la unidad".

C = Comunicación. ¿Con quién se comunica la unidad? ¿Por qué?

O = Organización. ¿Estamos organizados para cumplir con ese "por qué"?

S = Speed (Velocidad). ¿Vamos lo suficientemente rápido? ¿Vamos demasiado rápido?

T = Training (Entrenamiento). ¿Estamos listos para capacitar al próximo equipo y a los nuevos miembros? ¿Se encuentra nuestro entrenamiento codificado en algún lugar?

Puedes usar "COVE".

Cuando aterricé en Afganistán, el jefe me dijo que realmente no había un trabajo para mí. Algunos de nosotros, los de la Fuerza Aérea, nos desplegamos solos y ocupamos un puesto en algún lugar allá afuera. En mi caso, había llegado a un lugar donde simplemente no veían una necesidad mayor para mantener ese puesto y podría regresar a casa temprano. Pero yo quería quedarme y servir como todos los demás allí. Mientras asistía a las reuniones que tenían, busqué brechas en la comunicación, deficiencias en la organización, problemas de velocidad y entrenamiento deficiente. Al hacer un análisis de causa raíz sobre un problema que se planteaba varias veces en una de las reuniones a las que asistí, descubrí que una unidad estaba operando en otra Área de Operaciones, a kilómetros de donde se necesitaban. No se estaban comunicando con las contrapartes adecuadas. No se estaban comunicando con nadie. Pasar por la evaluación de la COST me permitió identificar los cambios que necesitábamos hacer. Después de compartir mi evaluación con el jefe, tuve un puesto de trabajo al día siguiente.

Si nadie señala dónde puedes ayudar, mantente activo y busca formas en las que puedas aportar ideas o esfuerzo que ayude a que la organización sea más efectiva.

30. "Evalúa las tres P".

Cuando intentas identificar problemas y comprender de dónde provienen, existen muchas herramientas que puedes utilizar para tus evaluaciones. Una de mis favoritas es el diagrama de espina de pescado, pero hay otras.

Una herramienta que he utilizado proviene del programa "The Profit"; las tres P: Personas, Producto y Procesos. Mientras escuchas un problema que tu equipo te presenta, tal vez puedas estar atento para ver si el problema proviene de las Personas, el Producto, o el Proceso.

Para resolver estos problemas, también puedes utilizar algo para enmarcar soluciones rápidas. He utilizado "Herramientas, Reglas y Ritmo de Batalla". He notado que, si encuentro mejores herramientas para mi equipo, si le agrego una gobernanza sólida (es decir, Reglas) o reglas de entablamento y si puedo establecer un ritmo de cuándo reunirnos para evaluar su dirección (es decir, crear o ajustar un Ritmo de Batalla), varios problemas pueden comenzar a resolverse rápidamente".

Otra herramienta que puedes utilizar para evaluar tu organización es el DOEMLPI. Significa:

Doctrina: ¿Cómo haces negocios?, ¿cuáles son las reglas de combate y cuáles son las mejores prácticas?

Organización: ¿Cómo está organizado tu equipo?

Entrenamiento: ¿Cómo se prepara tu equipo para ejecutar su misión?

Material: ¿Tiene tu equipo los suministros que necesita?

Liderazgo: ¿Cómo se preparan los líderes para liderar la ejecución de la misión?

Personal: ¿Hay personas calificadas disponibles?

Instalaciones: ¿Tu equipo tiene las instalaciones y edificios que necesita?

También puedes utilizar este DOEMLPI como una plantilla para seguir cuando informas a tu liderazgo.

31. "Sé conciso".

Los líderes de mayor rango pueden tener un millón de cosas pasando por sus mentes y un horario muy ajustado. Lo mejor que puedes hacer al comunicarte con ellos es hacerlo de manera eficiente y organizada. Nunca envíes un correo electrónico largo al jefe que tenga 5, 10 o 20 páginas.

Aquí tienes una plantilla sólida a seguir al enviar una solicitud de decisión, coordinación para su aprobación, o informar a tu jefe sobre cualquier cosa. No es necesario incluir las secciones en negrita. Simplemente úsalas como guía para dar forma a tu mensaje al jefe.

EN RESUMEN: Articula la declaración del problema.

ANTECEDENTES:
Presenta la información pertinente; suposiciones, hechos y evaluaciones.

DISCUSIÓN:
Presenta todas las posibles soluciones.
Curso de Acción 1, Escenarios mejor y peor caso
Curso de Acción 2, Escenarios mejor y peor caso
Curso de Acción 3, Escenarios mejor y peor caso

OPINIONES DE OTROS:
Explica cómo la situación afectará a otros si no cambia. Comparte tu evaluación de cómo puede afectar a otros a medida que la situación evoluciona o se descompone.

RECOMENDACIONES:
Da tu Curso de Acción recomendado y la coordinación necesaria para ejecutar esa acción (por ejemplo, Firmar, Coordinar, Llamar, etc.).

Nota: En las opciones que le ofreces a tu jefe como recomendaciones, nunca incluyas "Opciones de Hobson". Ósea, no le des a tu jefe opciones que realmente no son opciones.

32. "Negarse a admitir sus errores no le hace parecer más competente; revela cobardía, insensibilidad y falta de confiabilidad". (Ben Carpenter)

Parte de ser un adulto es ser capaz de admitir tus errores. Si cometiste un error, reconoce tus deficiencias y agradece a tus compañeros por los comentarios. NUNCA trates de explicar lo bueno que hiciste. Cuando otros viven los efectos de tus errores, no intentes explicar cómo hiciste lo correcto en una o más instancias. Solo reconoce dónde fallaste.

En algunos programas de capacitación en liderazgo, te colocarán en situaciones muy inciertas. Una vez que evalúan tus decisiones, te preguntarán por qué tomaste esas decisiones. Pueden estar más interesados en tu autoconciencia y en entender por qué tomaste esas decisiones que en calificar tus decisiones reales. ¿Eres capaz de explicar por qué tomaste ciertas decisiones? Si te quedas corto, ¿puedes identificar tus deficiencias? Nos encanta decir: "No soy perfecto", pero no podemos articular cómo no somos perfectos. "No hay mejor prueba de la integridad de un hombre que su comportamiento cuando está equivocado" (Marvin Williams). Si no puedes pensar en los errores que has cometido y que han afectado a las personas que te rodean, es posible que tengas la autoconciencia de una piedra. Si ese es el caso, por favor, no te metas en el campo del liderazgo. Al menos, no en este momento. Trabaja en ello y es posible que estés mejor preparado para asumir un rol de liderazgo después de desarrollar tus habilidades de introspección.

Sirviendo en un equipo hace algunos trabajos, teníamos un dicho que repetíamos: "Debemos estar dispuestos a llamar 'feo' al bebé. Incluso si es nuestro bebé". Esto significa que hay cosas en las que podríamos estar trabajando que son tan preciosas para nosotros que nunca las llamaríamos 'feas' o cualquier cosa negativa, incluso si están afectando nuestra misión. Sin embargo, debemos ser capaces de señalarnos a nosotros mismos y realizar correcciones de rumbo.

A veces, debes estar dispuesto a que tu equipo te llame "feo". Uno de los señores de mi equipo me dijo: "Necesito llamarte 'feo' en este momento". Resultó que me había entrometido y tomado una decisión que no era la correcta. Le afectó a él y al equipo. Fue muy frustrante ver cómo lo había defraudado. Compartí con él lo mal que me sentía por mi error: "Realmente te fallé allí, hermano. La regué bastante". Por un momento, cruzó por mi mente que podría perder su confianza. Pero nunca la perdí.

Siempre está dispuesto a reconocer tus errores y tu integridad será un ingrediente clave para el éxito de tu equipo.

33. "Si no puedes llevarlos a 'No', no podrás llevarlos a 'Si'". (Chris Voss)

Chris Voss comparte esta lección en su libro: "Never Split the Difference" (Nunca Dividas las Diferencia). Él explica cómo, si enmarcas tus preguntas de manera que tú interlocutor diga "No" primero, estarán más inclinados a decir "Si" a lo que deseas. Por ejemplo, como comparten en el sitio web del Black Swan Group (Grupo Cisne Negro), utiliza "¿Es un mal momento para hablar ahora?" para reemplazar "¿Es un buen momento para hablar ahora?" Las respuestas que probablemente obtendrás son "No, ¿Qué sucede?" o algo que refleje su disposición para escucharte o "No puedo hablar en este momento, ¿podemos programar algo para otro día esta semana?" Voss explica que las personas se sienten incómodas cuando sienten que estas tratando de hacer que estén de acuerdo con algo. Se sienten más seguras al decir "No". Según el Black Swan Group, otra pregunta que puedes usar es "¿Es una idea ridícula...?" para reemplazar "¿Es esta una buena idea?": "¿Te gustaría hacer esto?": "¿Crees que esto funcionará para ti?" o "¿Estarías dispuesto a...?" Ofrecen otro ejemplo como usar "¿Estás en contra de...?" para reemplazar "¿Estás de acuerdo?": "¿Harás...?": "¿Estás a favor de...?": "¿Crees que esto funcionará para ti?"

Un excelente libro para todos los líderes es "Never Split the Difference" de Chris Voss.

34. "Las personas cambian su camino para evitar un problema antes que cambiar su camino para buscar una oportunidad".

Mientras discutía la idea de adoptar un nuevo modelo de negocio en lo que respecta a la contratación de nuevo apoyo administrativo en mi trabajo, me encontré con esta cita y la compartí con mis compañeros de equipo. Cuando intentas negociar con otros para convencerlos de que se unan a tu lado, quieres ayudarles a ver el problema que enfrentarán si continúan por el camino en el que se encuentran. Cambiarán de camino si pueden ver un obstáculo en el camino en el que están. Si no puedes mostrarles nada negativo en el camino en el que se encuentran, incluso si les muestras varias grandes oportunidades en otro camino, las personas tienden a inclinarse a quedarse en el camino en el que están.

35. "Si a todos les caes bien, hay un problema".

El Dr. Robert Gates dice: "Si un líder no se gana al menos a unos pocos enemigos en el camino, es probable que no esté haciendo mucho".

No puedes complacer a todos y mantener la lealtad de tu equipo. No los traiciones.

36. "La confianza tiene una relación directa con la velocidad".

El libro de Stephen M.R. Covey: "La VELOCIDAD de la Confianza; La Única Cosa que lo Cambia Todo", me salvó en uno de los trabajos que me dio la Fuerza Aérea. Tuve la suerte de conocer al subdirector de la división y él compartió el libro "La VELOCIDAD de la Confianza" conmigo. Fui a casa y lo leí durante las vacaciones. Justo a tiempo.

El equipo con el que iba a trabajar mantenía cierta distancia entre sí. En mi opinión, el equipo de contratación había realizado negocios de una manera que afectaba las relaciones de las personas en el equipo. Afortunadamente, cuando me uní al equipo, conseguimos un nuevo oficial de contratación sólido. El resto de los miembros del equipo eran profesionales fenomenales, pero simplemente no estaban acostumbrados a trabajar tan cerca unos de otros así que no había confianza.

Había tanta burocracia que era nauseabundo. El equipo había estado retrasado en el cronograma por cinco años, la ejecución financiera estaba en "rojo", no habían negociado contratos a tiempo por tres años y había otros problemas.

A través de las enseñanzas de Covey, aprenderás que hay algunas cosas que degradan o destruyen la confianza de tu equipo; la falta de amabilidad, la falta de cortesía, la presunción, la arrogancia, la defensividad y el juego de culpar. Por supuesto, mentir y no cumplir tus promesas también te costarán.

Al compartir esto, puedo pensar en cómo he visto a unos líderes practicar estas cosas. Su arrogancia ha sido tóxica. Incluso se enorgullecen de cómo pueden articular elocuentemente una fuerte defensa de cómo hicieron bien algo en vez de reconocer los errores que cometieron. Practicar estos hábitos tiene un precio.

Repasaré algunas de las lecciones que obtuve del libro.

La falta de confianza en tu organización tiene un costo. Covey dice que es un impuesto para ti y tu equipo. Aquí están los impuestos que comparte:

a) Redundancia: Duplicación innecesaria.

b) Burocracia: Demasiadas personas deben dar su aprobación.

c) Política: Las personas utilizan estrategias para obtener poder.

d) Descompromiso: Esfuerzo mínimo.

e) Rotación de personal: Los ejecutantes se van.

f) Rotación de interesados: Los interesados se van y nadie defiende a la organización.

g) Fraude: Deshonestidad total.

<u>Realmente la confianza comienza contigo. Aquí tienes algunas cosas con las que puedes comenzar a construir confianza. NO construirás confianza sin que estas estén en su lugar.</u>

a) Integridad

- Congruencia: Actuar de acuerdo con nuestros valores.

- Humildad: Preocupación por lo que es correcto; no tener razón.

- Valentía: Hacer lo correcto incluso cuando es difícil.

b) Intención

- Motivo: Por qué haces lo que haces; cuidar a los demás.

- Agenda: Buscar lo que es bueno para los demás.

- Comportamiento: Poner en práctica tu agenda.

c) Capacidades:

Tareas:

- Talento

- Actitud

- Habilidades

- Conocimiento

- Estilo (es decir, tu forma de hacer las cosas. Implica tu personalidad).

d) Resultados

- Si los resultados no están allí, se pierde credibilidad y también la confianza.

Una vez que hayas trabajado en ti mismo(a), deberás practicar de manera constante comportamientos que construyan la confianza. Covey comparte 13 de ellos. No puedes construir confianza sin ellos.

a) Hablar con franqueza

b) Demostrar respeto

c) Crear transparencia

d) Enmendar tus errores (elimina tu defensividad)

e) Mostrar lealtad

f) Entregar resultados

g) Mejorarte a ti mismo(a)

h) Enfrentar la realidad

i) Aclarar expectativas

j) Practicar la rendición de cuentas

k) Escuchar primero

l) Mantener compromisos

m) Confiar en los demás

Si eres capaz de construirte a ti mismo(a) y practicar estos comportamientos, estos son los beneficios que Covey dice que tu organización verá.

a) Valor aumentado: Los líderes invertirán en la organización.

b) Crecimiento acelerado: Las personas buscan formar parte de la organización.

c) Innovación mejorada: Requiere compartir información.

d) Colaboración mejorada: Apoyo entre ramas.

e) Asociación sólida: Trabajar con otras agencias.

f) Mejora de la ejecución: Resultados de la confianza aumentada.

g) Lealtad elevada: Visible en las relaciones, baja rotación.

Todos estos puntos son del libro "La VELOCIDAD de la Confianza" de Stephen M.R. Covey.

Debes realizar una introspección de ti mismo(a). Debes hacer un inventario de tus intenciones, tu carácter y tus competencias. ¿Puedes entregar resultados sin que el ego se interponga? Si es así, tienes un terreno fértil para cultivar la confianza.

Cuando nuestro equipo construyó la confianza entre nosotros, nuestra velocidad aumentó. Covey comparte varios ejemplos de acuerdos que se han cerrado, que valen mucho dinero, solo con un apretón de manos; rápido, sin burocracia ni procesos largos. La diferencia es que hay confianza entre las dos personas o equipos involucrados. Te ayuda a ti y a cualquiera en el círculo a ir más rápido porque confías en las personas con las que trabajas.

Si deseas ir rápido, cultiva la confianza en tu equipo y en las organizaciones que respaldan a tu equipo. Observa de cerca dónde se encuentran las brechas de confianza en tu equipo. Por ejemplo, uno de mis equipos estaba dividido de una manera interesante; los líderes de más edad no confiaban en las habilidades de los profesionales más jóvenes (es decir, no creían que fueran competentes) y los líderes más jóvenes no confiaban en la justicia y la intención de los líderes de mayor edad (es decir, no confiaban en su carácter). Mi enfoque consistió en guiar a cada uno de ellos, centrándonos en esos bloques de construcción que nos faltaban (por ejemplo, Habilidades, Intención, justicia) para que pudiéramos tener todos los ingredientes necesarios para tener CONFIANZA.

Recomiendo encarecidamente el libro de Covey: "La VELOCIDAD de la Confianza".

Una última cosa que considerar. En realidad, tu equipo tiene un límite. Ese es su nivel de "Confianza" entre ellos. Si no hay confianza, su éxito estará limitado.

37. "Usa analogías".

Las analogías te ayudarán a hacer tu mensaje más personal. Si pueden ser humorísticas, aún mejor. He utilizado analogías que he leído en algún lugar o escuchado mientras crecía. Una vez le dije a mi ingeniero que una de las tareas que habíamos estado dispuestos a apoyar no me daba la impresión de tener mucho valor agregado. Tal vez sería la forma en que se había escrito. Le dije: "Tengo la sensación de que vamos a entregar algo tan útil como un cenicero en una bicicleta". Él estalló en risas. Más tarde, editamos la descripción de la tarea y pudimos prepararnos mejor para abogar por fondos que cubrieran nuestras tareas. Diez años después, todavía se ríe de eso.

Una vez tuve que informar a mi jefe y explicarle que estábamos teniendo éxito en la entrega de sistemas al campo, pero no estábamos bien en el trabajo administrativo. Le expliqué que necesitábamos más personal y agregué: "Señor, mi equipo está trabajando más duro que una mula alquilada". Uno de sus principales asesores había crecido en el campo se rio. Él conocía íntimamente cómo podría sentirse mi equipo en ese momento debido a la analogía que utilicé.

Otro ejemplo que compartiré de un amigo, cuyo apodo es "Honda", es "Una persona en la organización se ensució los pantalones, así que ahora todos nosotros debemos usar pañales". Ósea, que alguien cometió un error entonces las reglas se le quita los privilegios a todo mundo y se aplican reglas que limitan a todo mundo.

Con un amigo mío que se estaba sintiendo abrumado con las tareas que tenía ante él, le dije: "No intentes hervir el océano. Concéntrate en las tareas que harán que el indicador se mueva hacia verde en tu tablero". Sonrió con alivio y estuvo de acuerdo en que estaba tratando de asumir mucho más de lo que debía y que algunas de esas tareas realmente no agregaban valor a su misión y equipo.

Busca analogías y términos que puedas usar para hacer que tu mensaje sea más personal. Si es gracioso, te ayudará a convencer a otros de tu punto de vista.

El otro tipo de analogías que puedes usar son cuentos cortos. Se pueden utilizar para compartir grandes lecciones. Uno de mis favoritos personales es el de una oficina de transporte público.

Un pastor al que escuché hace unos años compartió una historia sobre un sistema de transporte público que recibió muchas quejas sobre cómo los autobuses ni siquiera se detenían en varias paradas de autobús para permitir que la gente subiera al autobús. El autobús simplemente pasaba velozmente. Compartió que la respuesta de la Oficina de Transporte Público fue algo así como: "Si tenemos que detenernos, no llegaremos a tiempo a la terminal".

Quién sabe qué había sucedido para que este equipo tuviera su objetivo de regresar a tiempo y olvidara su propósito principal: ¡los pasajeros! La moraleja de la historia es que nos enfocamos en lograr metas que no son relevantes. Concéntrate en lo que es relevante.

Hay un sinfín de analogías que puedes usar para compartir tus puntos con las personas y conectar con ellas.

38. "La clave del progreso es tener el coraje de empezar antes de estar listo y confiar en ti mismo(a) para resolverlo en el camino. El perfeccionismo ralentiza el progreso, la procrastinación lo mata".

En varios momentos de mi vida, me di cuenta de que había estado posponiendo algunas metas para más adelante porque necesitaba aprender sobre algo primero. Luego me encontré con esta cita y vi varios ejemplos de mi propia vida que me recordaron que lo mejor que puedes hacer es comenzar a avanzar. ¡Acción! No esperes la solución al 100%. Puede ser demasiado tarde. A veces necesitas avanzar con el 80% de la solución, o incluso menos. Las advertencias que compartiré son:

a) Administra tus riesgos lo mejor que puedas.

b) No pongas a tu gente en peligro cuando no sea necesario.

c) Si tu equipo es competente, comienza a avanzar hacia tu objetivo.

Recuerda que muchas veces "La perfección es el enemigo del progreso".

39. "Un guerrero viaja liviano".

Escuché esta cita de un Navy Seal que compartía su sabiduría en un breve video en línea. Me recordó una vez cuando nuestro escuadrón se disponía a subir una montaña de 14,000 pies como evento de moral. Cargué mi chaleco y mochila con equipo. Estaba preparado. A medida que subíamos, el peso adicional me terminó agotando. Me ralentizó mucho. Si hubiera podido subir sin tanto equipo, lo habría hecho mucho más rápido.

La lección principal es que al observar todo lo que hace tu equipo y las cosas que supervisa tu equipo, profundiza tu entendimiento para saber qué puedes eliminar. ¿Cómo puedes simplificar el entorno y los procesos de tu equipo? Esto reduce el estrés en tu equipo y les ayuda a centrarse en lo que es verdaderamente importante.

Muchos líderes se preguntarán: "¿Qué es lo que debemos comenzar a hacer para tener éxito?" También debes preguntarte: "¿Qué es lo que debemos dejar de hacer para tener éxito?"

Encuentra formas de simplificar. ¿Qué son las cosas a las que puedes decir "No"? John C. Maxwell explica que uno de los ingredientes clave para el éxito es saber a qué decir "No". Delimita tu carga de trabajo para concentrarte en lo que es necesario. Deja de lado todo lo demás. Viaja liviano.

40. "Una persona que es amable contigo, pero grosera con el camarero, no es una buena persona".

Aprendí esta cita hace más de 20 años. Ten cuidado con las personas con las que te relacionas. Algunas personas te utilizarán. Busca relacionarte con personas que sean amables con todos, independientemente de su rango, edad, género, fe, orientación sexual, etc.

Las personas desagradables te usarán, te herirán y posiblemente te llevarán a adoptar sus rasgos negativos más de lo que imaginas.

41. "Mantente firme en tus metas enfocándote en las recompensas internas".

Aunque a veces nos gusta ver la reluciente medalla después de una carrera como nuestra recompensa, los profesionales y equipos más exitosos se centran en la recompensa interna. Estas pueden ser la resiliencia, la satisfacción, la felicidad, la competencia, la creencia en uno mismo(a), el orgullo y el logro.

Para utilizar otros ejemplos, consideremos el caso de ponerse en forma. Puedes enfocarte en la energía, una mejor salud, una vida más larga y una mayor agilidad mental. Luego, piensa en enumerar las acciones que te ayudarán a lograrlo.

En cuanto a metas de salud espiritual, tus recompensas internas pueden ser la sabiduría, la paz, la esperanza y algunos beneficios para tu bienestar emocional.

Con metas financieras, puedes centrarte en la tranquilidad, la independencia, el crecimiento personal necesario para lograrlo, etc.

Concéntrate en las recompensas internas. Esto te ayudará a mantenerte fuerte y avanzar paso a paso hacia tus metas. Aprende a apreciar esas recompensas internas, ya que te mantendrán más fuerte y resiliente que las recompensas externas.

42. "Si no estás cometiendo errores, no estás intentándolo".

Leí esta cita cuando era niño en un libro lleno de citas de líderes célebres. Cuando uno de los grandes oficiales que conozco vino a trabajar para mí, le dije: "Si no estás cometiendo errores, te despediré. Aquí está el porqué; si no estás cometiendo errores, en realidad no estás intentando o los estás ocultando". Mi intención era transmitir el mensaje de que está bien cometer errores. A menudo, los errores son una inversión para el crecimiento.

Aunque leí esta cita por primera vez cuando era niño, de alguna manera se borró de mi memoria cuando ingresé a la Fuerza Aérea, hasta que me convertí en cadete. Tal vez porque en una etapa de mi carrera, se enfatizaba tanto la necesidad de la perfección. Mi primer semestre como cadete hice todo lo posible para evitar sanciones. En la Fuerza Aérea, emiten sanciones en una forma pequeña llamada el "Formulario 341 de la Fuerza Aérea", así que las llamamos "341". Al final del semestre, tenía muy pocas 341. Luego noté a algunos cadetes que estaban clasificados mucho más arriba que yo; tenían muchas más 341 que yo. ¡¿Cómo diablos estaban clasificados por encima de mí?! Porque no se trata de los errores. Se trata del impacto que tienes en tu organización. La lección se me quedó esta vez.

Al intentar practicarla, todavía me ponía nervioso. Los errores me preocupaban mucho. Cuando tenía que informar al comandante del destacamento y recibía comentarios de que tal vez había un error en una de mis diapositivas, en mi introducción o en cualquier otra parte de mi presentación, estaba listo para levantar las manos en el aire y decir: "¡Me rindo!" y rendirme. Realmente me molestaba.

En una reunión personal con el comandante del destacamento, mencionó que solía tener la misma reacción. Nos reímos un poco al respecto, pero me habló de otro cadete que se sentaba después de su informe y simplemente tomaba notas sobre los comentarios que le daban sobre sus errores. Decía "Gracias" y volvía a escuchar para el siguiente informe. Mientras tanto, yo estaba frustrado y ansioso por dentro mientras estaba sentado en mi escritorio.

Tuve que aprender que está bien cometer errores. No dejes que tus errores te mantengan atado sintiéndote como una bolsa de lona. Puedes encontrar valor al cometer errores. El personaje de Albert Finney en la película "Un Buen Año" (2006), el Tío Henry, dice: "Descubrirás que un hombre no aprende nada de ganar. Sin embargo, el acto de perder puede provocar una gran sabiduría. No menos importante es, cuánto más agradable es ganar. Es inevitable perder de vez en cuando". El físico danés Niels Bohr dijo: "Un experto es un hombre que ha cometido todos los errores que pueden cometerse en un campo muy estrecho". Así que cuando veas a algunas personas avanzar sin problemas, sin los problemas que tal vez hayas tenido, recuerda que se te ha brindado la oportunidad de ganar sabiduría. Si nunca han cometido errores, ¿qué diablos saben?

Hablaremos más sobre los "Errores" más adelante, especialmente sobre cómo estar en una mejor disposición para reconocer nuestros errores. Por ahora, recuerda que cometer errores es parte de intentar hacer cualquier cosa mejor en la vida. No dejes que te detengan.

43. "Nunca pierdas tu compostura".

A lo largo de tu camino, es posible que cometas un gran error. Probablemente te llamen para explicarte ante tu jefe, el jefe de tu jefe e incluso el jefe del jefe de tu jefe, o aún más arriba. Probablemente te regañen con dureza. Mantente erguido sin reflejar arrogancia. Deja que tu comportamiento muestre respeto por quienes te rodean y por ti mismo(a). Explica cómo lamentas tu error, muestra arrepentimiento, de manera asertiva, pero NO pierdas tu compostura y no permitas que nadie te haga sentir miedo, ya sea física o emocionalmente.

Muéstrales que sabes quién eres; alguien que tiene las mejores intenciones y tiene lo necesario para cumplir con lo que se tenga que hacer. Un error no te definirá. Un error no cambiará la persona que eres. Puedes arrepentirte, aprender tu lección, levantarte y pasar a la siguiente cosa; y seguir creciendo.

44. "¡Usa el humor!"

Una forma en que los líderes evalúan la inteligencia de un profesional es observando cómo la persona puede apreciar y crear humor ingenioso, agudo o intelectualmente atractivo. Puede indicar su nivel de inteligencia y agudeza mental. Prepárate para dar tus presentaciones con un toque de humor.

Durante una reunión en la que estábamos abogando para que se asignaran fondos residuales a nuestros requisitos sin financiamiento, le dije al jefe que teníamos la intención de financiar nuestros requisitos a través de peticiones formales y ventas de pasteles. El gerente financiero se rió al escuchar "venta de pasteles", y noté que instantáneamente estaba en una disposición mejor para escucharme. El humor es una forma de desarmar a las personas y ayudar a que lleguen a un punto en común.

Un jefe mío tuvo que informar a su jefe sobre algunas de las cosas en las que estaba trabajando la dirección. Cuando comenzó la presentación, pasó a la segunda página y le dijo a la audiencia: "Por favor, síganme en sus himnarios en la página dos". Se escucharon algunas risas en la sala, ya que quizás pensaron en cuando estaban en la iglesia. Todavía uso esa frase cuando puedo. Como dije, el humor desarma a las personas y las predispone a escucharte.

No uses humor que pueda percibirse como irrespetuoso. Un jefe que tuve se encontró con una unidad entrante. Se podía calcular que venían de una parte específica del país debido a su acento. Mi jefe supo de qué ciudad venían. Cuando le preguntaron cómo sabía que eran de esa ciudad en particular, dijo: "Reconocí el impedimento del habla". Casi me caigo de la silla. Resulta que mi jefe era de la misma área. Todos se rieron al respecto. Sin embargo, si no hubiera sido de esa misma zona, podría haber parecido irrespetuoso. Sé creativo y utiliza cosas que resonarán con la gente.

45. "Comprende lo que son las Falacias Lógicas".

Te beneficiará enormemente entender qué son las Falacias Lógicas, tanto cuando escuchas a otros presentarte sus argumentos como cuando escuchas a otros presentar argumentos a tus líderes. Las Falacias Lógicas son formas en que otros pueden presentar un razonamiento defectuoso en un argumento para persuadir a alguien.

Aquí tienes algunas de las falacias lógicas con las que te encontrarás en el trabajo. Prepárate para señalarlas, de manera respetuosa.

a) Post Hoc Ergo Propter Hoc: "Después de esto, por lo tanto, a causa de esto". Esto ocurre cuando alguien asume que el primer evento causó un segundo evento, cuando no hay evidencia que conecte los dos. Por ejemplo, si un equipo de fútbol gana un partido y uno de sus jugadores dice que es porque llevaban sus calcetines de la suerte, ignorando otros factores.

b) Cortina de Humo: Cuando alguien introduce información irrelevante para distraer del argumento principal. A veces esto ha funcionado de manera efectiva con una utilería o un apoyo visual que las personas pueden tocar. Ten cuidado, solo porque alguien te muestra una utilería, no significa que sea evidencia.

c) Apelación a la Emoción: Utilizar el miedo, la lástima u otras emociones para influir en las opiniones en lugar de presentar un razonamiento lógico.

Por ejemplo, un estudiante puede apelar a un maestro para que le conceda una calificación aprobatoria para evitar ser castigado en casa.

d) Ad Populum: Cuando alguien te dice que algo es verdad porque es muy popular. Ser popular no significa que tengas razón. Un ejemplo es cuando alguien dice "Todo el mundo está comprando esta acción, así que debe ser buena" o "Esta iglesia tiene la mayoría de los miembros, así que su religión debe ser verdadera".

e) Apelación a la Ignorancia: Argumentar que algo es verdadero porque no hay evidencia que pruebe que es falso. La falta de evidencia no es evidencia. Por ejemplo, si alguien dice que la ciencia no ha desmentido la efectividad de los remedios homeopáticos, por lo tanto, eso significa que deben funcionar. La falta de desmentido no significa que pruebe algo.

f) Dicotomía Falsa (también conocida como "Dilema Falso"): Presentar solo dos opciones como si fueran las únicas opciones cuando puede haber tres o más opciones.

g) Apelación a la Autoridad: Alguien usa el respaldo o la autoridad de alguien en un campo en particular cuando no es un experto en el campo relevante que se está discutiendo. Solo porque alguien es un actor famoso o un atleta no lo convierte en un sabio científico político o economista.

h) Hombre de Paja: Exagerar o tergiversar la proposición de un oponente para que sea más fácil de atacar. Es más fácil atacar un argumento más débil, incluso si es falso, que abordar el argumento real de la oposición.

i) Ad Hominem: Las personas atacan a la persona que está haciendo un argumento en lugar de abordar el argumento en sí. Esto ocurre cuando las personas desacreditan la caracterización y la credibilidad de la persona en lugar de los argumentos reales que la persona está presentando. Por ejemplo, cuando un político ataca la caracterización y la historia de su oponente en lugar de discutir por qué están en desacuerdo con las políticas propuestas por ese oponente.

46. "Aléjate de las personas negativas".

Un amigo mío tuvo varios jefes malos y solía decir: "al menos he aprendido lo que no se debe hacer". Pero tengo que compartir esto: "No estudies las sombras para evitar la oscuridad. Busca la luz para encontrar claridad". En lugar de conformarte con aprender qué no hacer, busca un lugar donde los líderes te enseñen qué puedes hacer para crecer en tu vida profesional. Si tu jefe actual es una persona negativa, busca tu próxima oportunidad de estar bajo un líder que no es negativo, con urgencia.

Las personas negativas son terribles jefes. Y son terribles amigos. Albert Einstein dijo: "Las personas negativas tendrán un problema para cada solución". Las personas negativas criticarán todo y es muy agotador cuando están en tu contra. Lyndon Johnson y Margaret Thatcher dijeron algo así como: "Si me ven caminar sobre el agua, dirán que es porque no sé nadar".

Aléjate de las personas negativas. "Podrían deprimir a una novia en el día de su boda". Protege tu paz y tu futuro.

47. "Siempre ten tu currículo preparado".

Ya sea que te encuentres en el sector privado o público (incluso si estás en el ámbito militar), siempre debes tener un currículum actualizado listo. Oportunidades surgirán y podrás estar preparado para presentar tu currículum para que otras personas lo revisen.

Aquí tienes un modelo de currículum que he utilizado y que ha dado buenos resultados:

Primer Nombre Apellido
Número de Teléfono - Tu correo electrónico

===

OBJETIVO: Que es lo que quieres lograr o que quieres seguir haciendo?

CALIFICACIONES: Resume porque tus experiencias te hacen el candidato perfecto para este puesto

HABILIDADES: Haz una lista de tus habilidades que son relevantes para el puesto que quieres

EXPERIENCIA PROFESIONAL:

Puesto   **Fecha de Inicio - Fecha de término**
Organización, Ubicación
-    Logros destacados [menciona logros específicos o mejoras]
-    Logros destacados [métricas de rendimiento específicas]
-    Logros destacados [iniciativas o proyectos clave, resultados medibles]

Puesto   **Fecha de Inicio - Fecha de término**
Organización, Ubicación
-    Logros destacados [menciona logros específicos o mejoras]
-    Logros destacados [métricas de rendimiento específicas]
-    Logros destacados [iniciativas o proyectos clave, resultados medibles]

Puesto   **Fecha de Inicio - Fecha de término**
Organización, Ubicación
-    Logros destacados [menciona logros específicos o mejoras]
-    Logros destacados [métricas de rendimiento específicas]
-    Logros destacados [iniciativas o proyectos clave, resultados medibles]

EDUCACIÓN:
Diploma, Instituto (Fecha)

ENTRENAMIENTO:
Certificación, Instituto (Fecha)

RECONOCIMIENTOS:
Premio/Reconocimiento (Fecha)

Hay otros modelos de currículos que te pueden servir también. Explora otros para ver cuál sería el mejor para la posición que buscas.

48. "Nunca te rindas, nunca te rindas, nunca, nunca, nunca, nunca, nunca, ni en nada, grande o pequeño, importante o insignificante, nunca te rindas, excepto ante convicciones de honor y buen juicio". (Winston Churchill)

"No puedes saber por las apariencias cómo irán las cosas. A veces, la imaginación hace que las cosas parezcan mucho peor de lo que son; sin embargo, sin imaginación, no se puede hacer mucho. Aquellas personas que son imaginativas ven muchos más peligros de los que realmente existen; ciertamente más de los que ocurrirán; pero luego también deben rezar para recibir el coraje adicional necesario para llevar esta imaginación de largo alcance. Pero para todos, seguramente, lo que hemos experimentado en este período, me estoy dirigiendo a la Escuela, seguramente en este período de diez meses, esta es la lección: nunca te rindas, nunca te rindas, nunca, nunca, nunca, nunca, en nada, grande o pequeño, importante o insignificante, nunca te rindas excepto ante convicciones de honor y buen juicio". (Winston Churchill)

Cuando crecía, odio admitir que no era una buena persona. Mi corazón era malo. Sabía que quería ser un buen hombre, pero, lo creas o no, no sabía cómo; no tenía las herramientas. Incluso a una edad temprana, experimenté el fracaso de manera profunda. Mi vida no iba en una dirección positiva y estaba perdiendo la esperanza. Unirme a la Fuerza Aérea cambió mi vida; los valores fundamentales me dieron límites y un marco de referencia para tomar decisiones. Unirme a la Fuerza Aérea fue un nuevo trayecto y fue un camino de redención.

Aunque estaba en un nuevo camino, enlistado en la Fuerza Aérea, esta montaña rusa salvaje y a veces dolorosa que llamamos "vida" continuó. Todavía cometí errores, experimenté fracasos, reveses importantes, pérdidas devastadoras y decepciones aplastantes.

Hubo momentos extremadamente oscuros en mi vida en los que me sentí tan impotente y desesperanzado. Parecía que no había nada en mí que tuviera valor. No obstante, encontré esperanza. Como cristiano, creo en un Creador y me recordó algo que un pastor dijo una vez: "Tu existencia fue un pensamiento que Él tuvo hace mucho tiempo. Sin importar cuán alto o bajo seas, ese espacio que ocupas en este universo fue un pensamiento que Él tuvo. Y hay un plan para ti que involucra la eternidad". Quizás la historia más asombrosa que he leído es la de la guerra cósmica entre el bien y el mal. Hay momentos en los que mi fe se debilita, pero me aferro a esa esperanza de que algún día este conflicto entre el bien y el mal llegará a su fin y que, por gracia, recibiremos nuestra recompensa. Nunca te rindas.

Hay personas que tienen experiencias terribles mientras crecen y todavía las afecta. Compartiré algo que escuché de otro pastor: "Hay padres accidentales, pero no hay niños accidentales". Si estás pasando por un momento difícil debido a lo que sucedió en casa cuando eras niño, nunca te rindas. "Aunque mi padre y mi madre me dejaran, Con todo, Jehová me recogerá" (Salmos 17:10, RVR1960). Hay un plan para ti que involucra la eternidad.

Nunca te rindas. Busca la ayuda que necesitas, encuentra como sanar, fortalécete y regresa a la lucha.

49. "Vive la vida con intensidad".

Mi amigo "Honda" compartió una cita de una película que realmente me impresionó. La película es "Secondhand Lions", y la cita proviene de una escena en la que un joven intenta quitarle la comida a un hombre mayor. El hombre mayor aparta el brazo del joven. Luego, el joven le pregunta: "¿Quién crees que eres?" El hombre mayor responde: "Soy Hub McCann. He luchado en dos guerras mundiales y en innumerables guerras más pequeñas en tres continentes. He liderado a miles de hombres en la batalla con todo, desde caballos y espadas hasta artillería y tanques. He visto las fuentes del Nilo y tribus de nativos que ningún hombre blanco había visto antes. He ganado y perdido una docena de fortunas... y amado a solo una mujer con una pasión que una pulga como tú nunca podría entender. Eso es lo que soy".

Aquí está el mensaje que saqué de eso. Vive la vida al máximo. Acepta desafíos, busca oportunidades, experimenta aventuras, ten una pasión inquebrantable, desarrolla tu fuerza y resistencia, busca la sabiduría y sé valiente.

Otra gran cita que me recuerda vivir con intensidad es la de Churchill: "Me gusta un hombre que sonríe cuando lucha". Esto se aplica a todos. Sé audaz y prepárate para luchar. Chris Matthews dijo que Lee Atwater una vez le compartió: "David todavía está obteniendo buena publicidad por vencer a

Goliat". Matthews añade: "No te metas con alguien de tu tamaño". Así que no solo te prepares para luchar, sino para enfrentar los desafíos más grandes. No vayas al bar esta noche a elegir al tipo más grande para pelear. Se trata de enfrentar los desafíos más grandes de tu vida.

Dado que estás leyendo este libro, es una señal de que deseas crecer como líder. Vive la vida al máximo. Apuesto a que harás grandes cosas. Si estás leyendo este libro con el anhelo de ser un buen líder, creo en ti. Harás grandes cosas.

NOTAS DE LIDERAZGO

50. "Sé una bandada de gansos salvajes".

Vi esta ilustración de gansos salvajes en una placa en un escuadrón al que me asignaron cuando era capitán (O-3). Los gansos se turnan para liderar en la parte delantera de su vuelo.

Equipa a tus tropas para que lideren en su esfera. Como dice John C. Maxwell, "Los líderes desarrollan líderes". No desarrollan seguidores. Él explica que, si queremos un crecimiento explosivo, necesitamos hacer crecer líderes. Siempre digo a mi equipo que debemos ser una bandada de gansos en la que todos estemos equipados para liderarnos mutuamente. Si se trata de un problema de diseño, necesitamos que el diseñador se ponga al frente y nos lidere en esto. Si se trata de un desafío logístico, necesitamos que nuestro logista se coloque al frente del vuelo y nos lidere en ello. Como líder principal, estás ahí para equipar a esos líderes de menos rango que tú y darles dirección estratégica (por ejemplo, sur, norte, este, oeste), pero déjalos llevarnos allí. Dales espacio para liderar. Si no estás haciendo crecer a tus tropas para que sean líderes, estás limitando su crecimiento profesional, el impacto en el equipo y el impacto en la organización. Eventualmente, las personas excelentes te dejarán, porque no solo quieren que les paguen por usar sus manos, también quieren usar sus mentes. Permíteles liderar.

Definitivamente no quieres que un grupo de compañeros de equipo se quede esperando a que dirijas todo. Si lo haces, entonces necesitas recibir asesoramiento para sanar algunas heridas profundas.

Empodera a tus tropas para liderar en su esfera y cultiva un espíritu de colaboración. Crea una tribu de líderes, expertos en su campo, que puedan liderarse mutuamente.

51. "La cultura se comerá a la estrategia en el desayuno".

"Puedes tener una estrategia sólida, pero si tu cultura no es buena, tu equipo no lo hará bien. Si tienes una estrategia mediocre, pero una gran cultura, tu equipo encontrará la manera de hacerlo bien".

Articula los valores y comportamientos que deseas ver en el equipo. Comparte los principios fundamentales con los que guiarás al equipo. Los debes compartir regularmente. Incluye a tu equipo en la formación de la cultura. Necesitarás su ayuda para derribar las tradiciones profundamente arraigadas que pueden obstaculizar tu nueva cultura. Reconoce los éxitos y a aquellos que ejemplifican tu cultura. Finalmente, da el ejemplo.

Necesitas tanto una gran cultura como estrategia. Conoce su impacto. Si realmente quieres crear un cambio duradero y transformar tu organización, tu comunidad, o incluso tu país, tendrás que empezar educando a tu generación más joven con una nueva cultura.

52. "Da crédito dónde crédito es debido".

Durante nuestras reuniones de personal semanales, teníamos una diapositiva que reflejaba lo que valoramos como equipo. Se veía algo así:

a) Confianza

b) Ayudarse mutuamente

c) Diligencia; ¡hazlo tuyo!

d) Iniciativa

e) Celeridad

Tomábamos un momento para revisarlos durante nuestra reunión semanal, y felicitaba a alguien a quien había observado en la última semana que había ejemplificado una, varias o todas estas características. Luego, le entregaba el micrófono a cualquier otro miembro del equipo. Más personas comenzaron a participar para felicitar a otra persona. Ayudó a comenzar a construir una cultura.

53. "No envíes a tus patos a la escuela de águilas".

En un video de una conferencia, vi a John Maxwell explicar por qué no deberíamos enviar a los patos a la escuela de águilas. Creo que lo obtuvo de Jim Rohn, un gran líder de desarrollo personal. Explicó que "las personas buenas se encuentran; nadie puede cambiarlas. Pueden cambiarse a sí mismas si quieren, pero tú no puedes cambiarlas". Vas a gastar todo tu tiempo intentando cambiarlos, tratando de convertirlos en águilas. Te ahorrarás mucho dolor y tiempo para ti y para tu equipo si simplemente encuentras buenas personas que ya son águilas o quieren serlo.

Es comprensible que quieras ayudar a cambiar a las personas. Puedes ayudar a las personas a crecer si ya tienen hambre de crecimiento. Las personas te mostrarán rápidamente su disposición para ser patos o águilas. He hecho la pregunta varias veces. Cada vez, el individuo dijo: "Quiero ser un águila". Más de uno de ellos resultó ser un pato. Si son del tipo al que necesitas mantener motivado constantemente, déjalos ir. Necesitan avanzar a paso firme con su propia bandera si quieren seguir en tu equipo. Necesitan mostrar iniciativa, ser capaces de "cazar" por sí mismos. Si no lo hacen, déjalos ir. No puedes preocuparte más por su éxito que ellos.

Hay lugares para los patos, pero si no es en tu organización, déjalos ir.

54. "Tu trabajo es hacer que tu equipo tenga éxito".

Aprendí una profunda lección cuando escuché la historia de un hombre que estableció un récord al escalar el Everest, pero de lo que más se enorgullece no eran las veces que había escalado el Everest. Lo que más le enorgullecía era cuántas personas había ayudado a escalar el Everest. Cuando estás en una posición de liderazgo, debes preocuparte más por ayudar a otros a alcanzar su Everest.

Cuando llegas a una nueva organización, a veces notas que las personas no están inclinadas a hablar contigo porque no quieren que te entrometas en sus asuntos. Si era el jefe en el nuevo trabajo, usaba una cita de un gran oficial con el que servía, "Necesito conocer tu negocio, pero no quiero entrometerme en tu negocio". Como dice el Dr. Robert Gates, "El conocimiento detallado es necesario. La micro gestión no lo es". Yo enfatice muchas veces que mi trabajo era hacerlos exitosos. Mis preguntas giraban en torno a un tema central: "¿Qué necesitas para tener éxito?"

Le pedí a la gente que fuera a almorzar conmigo, uno a uno. Les pedía tres cosas que les gustaban y tres cosas que no les gustaban de esa organización.

Al final del almuerzo, tenía varias ideas sobre en qué podía trabajar para ayudarlos. Cuando tu equipo te ve trabajar duro y lograr cosas, crecerá la confianza en tu liderazgo.

El liderazgo se trata de servir. Teddy Roosevelt dijo: "Aquellos que buscan Responsabilidad antes que Autoridad pronto obtendrán ambos. Aquellos que buscan Autoridad antes que Responsabilidad pronto perderán ambos". Concéntrate en servir y cumplir con tu responsabilidad.

55. "El director financiero le pregunta al director ejecutivo: '¿Qué pasa si invertimos en el desarrollo de nuestra gente y se van?' 'El director ejecutivo responde: '¿Y si no lo hacemos y se quedan?'"

Solemos decir que las personas son lo más importante que tenemos. ¿Cuánto de tu agenda está dedicada a las personas?

¿Inviertes una parte de tu presupuesto anual en enviarlos a capacitación?

¿Pasas tiempo con ellos?

56. "A la gente no le importa cuánto sabes sino hasta que saben cuánto te importan". (John C. Maxwell)

Cuando me gradué de la escuela y recibí mi comisión como subteniente (O-1), todos estábamos emocionados por ayudar a nuestros compañeros y a nuestro personal subalterno. Queríamos marcar la diferencia en sus vidas mientras cumplíamos con la misión. La realidad fue que cuando llegabas a tu primera asignación, a nadie le importaba cuánto te había entrenado la Fuerza Aérea para ser un líder. Tenías que ganarte su confianza. Comenzaba por mostrarles a los que te rodeaban que te preocupabas por ellos. Luego, tus compañeros de equipo empezaban a abrirse y aceptaban internamente aprender de ti.

Aprendí esta lección como cadete justo después de que se publicara mi clasificación. Me mostraba en el 10% inferior entre mis compañeros mientras estábamos pasando por la formación de oficiales. Fue un golpe en la cara. Cuando había sido enlistado, mis líderes me habían clasificado en el primer lugar entre más de 70 personas del mismo nivel en el que me encontraba. Ahora estaba en el 10% inferior. Fue una gran bendición que un amigo mío, Trey, notara mi frustración durante una de nuestras clases y me pregunto qué me estaba molestando. Después de compartir mi dilema, mencionó: "Deberías investigar a John C. Maxwell. Tiene varios excelentes libros sobre liderazgo". Específicamente recomendó "21 Leyes Irrefutables del Liderazgo". A medida que comencé a leer las lecciones de Maxwell, esta fue una que me llamó la atención. Cambió mi vida.

Antes de aprender esta lección, mi idea de liderazgo se limitaba a hacer que las cosas se hicieran y reprender a alguien cuando no estaban haciendo su trabajo. Me preocupaba por los que me rodeaban y así expresaba que me preocupaba, así que mis habilidades de traducir que me preocupaba por ti eran limitadas. ¿Cómo podía mostrar a mis compañeros que me importaban antes de que pudieran importarles lo que sabía? Si nadie se preocupa por saber lo que sabes y lo que puedes hacer, es difícil contribuir a un equipo, especialmente como líder.

Desarrolla una relación con quienes te rodean. Sé humano. Como solía decir un General (O-10) de la Fuerza Aérea, "conoce la historia de tus subordinados". ¿Conoces la historia de las personas que sirven a tu alrededor? ¿Sabes dónde quieren estar en cinco años? ¿Los estás ayudando a llegar a sus metas? Una pregunta que las personas hacen a los líderes es "¿Qué te quita el sueño por la noche?" Pregunta a tus compañeros de equipo, "¿Qué te hace levantarte por la mañana?" Entiende lo que los motiva. Muéstrales que te importa quiénes son, a dónde se dirigen y que estarás allí para ayudarles en el camino.

57. "La valentía como líder a veces implica permitir que tus subordinados hagan las cosas de manera diferente a como las harías tú, pero estar al lado de tu gente pase lo que pase".

En unidades militares, hay comandantes que les piden a sus tropas que hagan algo, pero las supervisan en exceso y/o prescriben completamente la solución que desean en lugar de capacitar a sus soldados para encontrar una solución sólida. Deja que tus subordinados se apropien de su "bebé". Debes equipar, entrenar, y permitir que tus subordinados ejecuten sin que tú te pongas a prescribir todo. Ciertamente, no les quites el trabajo de las manos.

Cuando se trata de informar al comandante, he visto a supervisores hacer que sus oficiales subordinados y/o personal subalterno informen al jefe, para que parezca que están respaldando el crecimiento de sus tropas. Sin embargo, justo en medio de la presentación, su supervisor se levantará para "explicar mejor" la actualización que su subalterno debía dar al jefe. Puedes ver a los profesionales más jóvenes sentir que están allí solo como un adorno. Todo fue solo para lucirse, pero ese supervisor no está fomentando un crecimiento real. No los prepara como debe ni los deja ejecutar la tarea.

Esos jóvenes profesionales deberían estar capacitados y empoderados para informar de su trabajo al jefe del jefe. Permite a tus subordinados dar la presentación sin corregirlos frente al jefe. Si se quedan cortos, es responsabilidad tuya. Realiza correcciones después de la presentación y prepáralos mejor para la próxima vez.

A veces le daba una advertencia a mi jefe: "Señor, todavía estoy desarrollando a este joven subalterno, pero está listo para darle una excelente explicación de lo que está liderando. Sí hay temas sobre los que no puede hablar, podemos hablar después y le proporcionaré toda la información que necesite, pero no quiero robarles el protagonismo durante la presentación". El jefe entendía y me felicitaba por cómo estaba desarrollando a mis subordinados, cada vez. Por supuesto, mis subalternos estaban preparados para la presentación. En una ocasión, toda la instalación perdió electricidad y se fue la luz, y mi joven subalterno no se detuvo. Siguió con su presentación al comandante hasta el final. Esa mañana, el jefe le dio un pequeño reconocimiento por su excelente preparación para la presentación. Ni la falta de electricidad lo detuvo. Cuando se le apago la computadora y ya no se podía ver la presentación, el joven siguió con su reporte y explicación.

Capacita a tu gente para que se haga cargo de su área y para que lleven a cabo las tareas. No las supervises en exceso. No puedes dirigir una unidad con órdenes constantes. No puedes utilizar solo las manos de tu equipo. Deja que utilicen su intelecto sin hacer que se retiren porque temes que afecten tu carrera. Dales poder y confía en que liderarán. Si no puedes confiar en ellos, o se van ellos o te vas tú.

58. "Sé amable, pero no seas agradable".

Hubo una etapa en mi carrera en la que estaba lidiando con muchos problemas en casa y en el trabajo. Por mucho que quisiera ser agradable, estaba perdiendo la paciencia más a menudo y corriendo el riesgo de decir algo lo suficientemente feo como para dañar mi carrera y mi vida en casa. Terminé llamando a un consejero para que me ayudara a superar esa etapa y quizás me diera herramientas para usar en casa y en el trabajo. Si te encuentras en esta situación, habla con alguien que pueda ayudarte a controlar tu temperamento. Si te vuelves demasiado agresivo y dices algo incorrecto, "no puedes meter de regreso el excremento en el caballo", y podría afectar tu hogar y tu carrera de manera irreversible. Después de explicar mis frustraciones y desafíos, compartió: "El mundo generalmente solo ve dos extremos del espectro: 'Pasivo' o 'Agresivo'. Es una dicotomía falsa porque de hecho hay una tercera opción. Existe una opción intermedia llamada 'Asertivo'. Sé asertivo".

Algunas personas son pasivas y otras son agresivas. Algunos de nosotros podemos empezar en el lado pasivo y terminar explotando y aterrizando en el lado agresivo del espectro. Busca el punto intermedio entre esos extremos del espectro: asertividad. Significa decir la verdad con amabilidad y amor.

Pasivo	Asertivo	Agresivo

Sé asertivo, ya sea que hables con tus subordinados, compañeros o líderes. Si no estás de acuerdo con algo, siéntete cómodo diciendo: "Me temo que no estoy de acuerdo con esa idea". Si quieres entender por qué están tomando una decisión sin considerar algunos puntos importantes, puedes formular tu pregunta así: "Para mi edificación, ¿podríamos tener un momento de aprendizaje aquí y compartir su razonamiento?" De esa manera, no perciben que estás cuestionando su liderazgo. En una ocasión, le pregunté esto a un coronel (O-6) cuando yo era capitán (O-3). Realmente me sentía perdido, sin entender por qué estaba tomando una decisión. Cuando me lo explicó, me di cuenta de que no estaba teniendo en cuenta algunas cosas que debería haber considerado. También noté que estaba más abierto a las preguntas a medida que explicaba. Aproveché la oportunidad para preguntar si sería prudente considerar los puntos que me preocupaban. De hecho, regresó para estar de acuerdo conmigo. No había tenido en cuenta algunos de los problemas que yo estaba rastreando, pero pedirle que compartiera su proceso de pensamiento "para mi edificación" me dio la oportunidad de expresar mis inquietudes. Como mínimo, habría sido un momento educativo.

Encuentra formas de expresar tus opiniones de manera asertiva sin ser agresivo y grosero. Tampoco seas pasivo. Con tus compañeros o tus subordinados, es posible que intenten probar dónde estás parado. He tenido que llevar a algunas personas a un lado y preguntarles: "¿Tenemos un problema? Mi intención es ayudar". Si se trata de un compañero, generalmente se dan cuenta de que no eres débil y no les gusta el enfrentamiento, por lo que deciden trabajar contigo. A las personas no les gusta cuando puedes enfrentar asertivamente y con respeto un problema. Después de confrontar a algunas personas, sus supervisores han llamado para explicar por qué actuaron de forma inapropiada y para disculparse por ellos. Los habría despedido si estuvieran bajo mi cargo, pero resolvimos cualquier problema que estuviera entre nosotros. Te sorprenderá cuántas personas puedes intimidar con solo una confrontación asertiva y respetuosa. No están acostumbrados a que los desafíen, especialmente en el gobierno.

He tenido un par de jefes que odiaban el enfrentamiento hasta el punto en que tuvimos que sufrir porque no estaban dispuestos a tener esas conversaciones asertivas con la capa de gestión entre nosotros y ellos. Se inhibieron. No tienen nada de firmeza. Si eres el tipo de persona que tiene la firmeza de columna vertebral como la de una aguamala, por favor, quédate como parte de un equipo de expertos en algo y no ocupes un puesto de liderazgo. Si eres inteligente, genial. Conviértete en experto en algo y quédate allí. El liderazgo requiere valentía, abnegación y conversaciones asertivas.

Un último consejo, hay personas que serán tan obstinados que, si sigues lidiando con ellas, te van a llevar al lado agresivo del espectro. Antes de llegar a esa situación, sepárate de ellas o despídelas.

59. "Todos queremos caer bien".

Uno de mis jefes compartió que uno de sus subordinados tuvo problemas por conducir ebrio. El joven militar era realmente el mejor del escuadrón. Mi jefe quería ayudarlo, así que se acercó al sargento de mayor rango bajo su mando para preguntar si había algo que pudieran hacer para ayudar al joven.

El sargento le explicó que a veces queremos ayudar a alguien porque queremos ser amables y caerle bien a las personas que apreciamos, pero que debemos hacer que las personas rindan cuentas. De lo contrario, los demás miembros del escuadrón percibirán que, sí pueden ser empleados que trabajan duro, que el comandante aprecia, pueden salirse con la suya y nunca van a tener que rendir cuentas.

Mi jefe reconoció que su pregunta provenía de ser humano, y que la mayoría de nosotros queremos ser amables y caer bien. Queremos ser "el bueno". Enfócate en el bienestar del equipo en general. Para preservar el equipo, de vez en cuando, tendrás que ser "el malo" y dejar que unos rindan cuentas.

60. "Conoce la diferencia entre un delito y un error".

Tus tropas a veces cometen grandes errores. Sé compasivo con ellos. Siempre debes castigar un delito, pero considera dar un poco más de margen de gracia al evaluar un error. Cualquiera puede decapitar profesionalmente a alguien. Solo un líder fuerte puede mostrar compasión y ayudar a una persona a volverse a levantar. A veces, realmente es mejor inclinarse hacia la compasión.

Cuando se trata de sopesar las acciones disciplinarias por un error, intenta entender la diferencia entre el remordimiento y el arrepentimiento. El remordimiento es cuando una persona está triste porque la descubrieron. El arrepentimiento es cuando una persona está triste por el error que cometió y busca cambiar. Conocer la diferencia entre ambos puede ayudarte a determinar cuánta flexibilidad deseas otorgar a alguien que ha cometido un error.

Puedes sorprenderte de cómo las personas crecerán gracias a la amabilidad que les has brindado. Sí definitivamente demuestran que no aprenderán de sus errores, entonces puedes despedirlos. Si hay vidas en riesgo, definitivamente debes dejarlos ir más rápido.

Enseña a tu equipo la amabilidad con tu ejemplo. Como dijo el personaje de Lonesome Dove, Gus McRae: "Cuando impartes una lección de maldad a un ser vivo o una persona, no te sorprendas si aprenden su lección". Es mucho mejor enseñar la amabilidad.

Discierne cuándo es mejor inclinarse hacia la compasión y dar a las personas una segunda oportunidad. Incluso en tus sanciones, respeta siempre amablemente la dignidad humana del individuo. "Sé amable en lo que haces, firme en cómo lo haces" (Buck Brannaman).

Comprende la diferencia entre un error y un delito para que puedas aplicar la solución adecuada de manera sabia.

61. "Ingresa a posiciones de liderazgo porque tu visión supera los recursos que tienes en tu rango actual".

Recuerdo haber tenido ese momento de "¡Eureka!" cuando escuché esta cita por primera vez.

No busques el siguiente rango o título solo por ego. Ten una visión de lo que quieres hacer por tu equipo o tu organización.

A medida que comienzas tu carrera, adquirirás profundidad en tu oficio y te convertirás en un experto en tu campo. Es allí donde desarrollarás un ojo crítico para lo que deseas hacer para impactar a tu comunidad profesional más amplia. En algún momento te darás cuenta de que tu visión supera los recursos a tu disposición.

Ahí es donde deberías seguir creciendo como líder en tu campo para que puedas influir en ese cambio que marcará la diferencia en la vida de las personas en tu campo y en la misión.

Al final, el liderazgo se trata de servir. Nunca lo olvides.

62. "Practica la humildad. Busca datos que no respalden tu posición".

Siempre mantén una postura objetiva para revisar información que no respalde tu posición.

Permanece humilde y reconoce que es posible que no siempre tengas la mejor perspectiva. Imagínate a ti mismo(a) como él o la obstinado(a) en la reunión, lo que significa que tu punto de vista u opinión podría ser defectuoso o incompleto, pero sigues defendiendo tu punto tercamente como si fuera la mejor idea desde la invención de Internet. Para tomar decisiones bien fundamentadas y fomentar discusiones productivas, es fundamental ver activamente información y puntos de vista que desafíen o contradigan los tuyos. He leído que los hermanos Wright tenían una regla que decía que debían poder argumentar la posición del otro antes de poder continuar discutiendo sus diferentes puntos de vista.

Recientemente, le pregunté a uno de nuestros líderes: "Puedo ver un par de circunstancias en las que apoyaría y defendería tu punto de vista. ¿Bajo qué circunstancias dirías que deberíamos seguir el curso de acción que yo propongo?" Él no pudo responder. Esto me mostró que lo único que él quería era tener las cosas a su manera sin considerar la practicidad y la flexibilidad para empoderar a nuestros líderes que están gestionando las prioridades más importantes de la organización. Él estaba actuando como un niño pequeño y no me sorprende en absoluto ver a varias personas abandonar su equipo.

Los líderes que solo buscan mantener su autoridad sin ser introspectivos no son buenos para liderar y marcar la diferencia. Busca ser humilde. Te ayudará a reconocer cuando tu punto de vista pueda ser defectuoso. Esto te brinda la oportunidad de reconocer a tu equipo y empoderar a tu equipo para desarrollar su iniciativa y creatividad. Cuando pueden enseñarle algo al jefe, eso les alegra el día.

Si siempre crees que estás en lo correcto, vas a caer un día y a fuerzas te tendrás que comer un "pastel de humildad".

63. "Si quieres convertirte en el mejor en algo, necesitas que otros evalúen tu tarea. No se te permite calificar tu propia tarea".

Cuando leí esta cita por primera vez, fue otro recordatorio de la necesidad de estar abierto a los puntos de vista de los demás y de esforzarse por practicar humildad. Cuando estás en una posición de liderazgo, debes estar dispuesto a que tu propio equipo te llame la atención si no estás practicando lo que predicas o siendo el ejemplo que debes ser. No esperes reverencia solo porque estás en un puesto de liderazgo o estás asumiendo un proyecto de alta visibilidad. Esfuérzate por la humildad y busca la retroalimentación.

64. "La retroalimentación es un regalo. Si alguien te está dando retroalimentación, acéptala. Si estás entregando el regalo, envuélvelo de manera agradable".

Esta lección proviene de Patrick Lencioni. Un ingeniero que trabajaba para mí solía decirles a otros que sus ideas eran estúpidas. Él decía: "Lo único que me importa son los hechos. No me importan los sentimientos". Si no podía ceñirse a los hechos sin insultar a sus compañeros, entonces no le importaban solo los hechos; le importaba asegurarse de que los demás se sintieran mal. Cualquier persona que excuse la rudeza es débil y envenenará a tu equipo. Tu mejor curso de acción es deshacerte de ellos lo antes posible. Elimina a cualquiera que no pueda dar retroalimentación con respeto.

¿Y qué hay de aceptar la retroalimentación? Cuando era un joven militar, con una sola franja en la manga, tuve mi primera sesión de retroalimentación. Había trabajado tan duro desde que llegué. Si bien sabíamos que mi jefe era racista, en teoría era justo. Debo darle crédito porque si evito reflejar racismo en cualquier documentación. Durante la sesión de retroalimentación, él reconoció todo lo que había hecho bien, cuánto había crecido desde mi llegada, mi iniciativa, mi arduo trabajo y mi tacto en la comunicación con las personas que acudieron a nosotros en busca de apoyo. Me impresionó que lo reconociera todo. Luego dijo: "Ahora vamos a hablar de las cosas en las que podrías mejorar". Pensé: "¿Qué dijo??? ¿Qué quiere decir con 'cosas en las que podría mejorar'???" Yo estaba indignado. Después de todo mi arduo trabajo, después de mostrar que estaba dispuesto a romperme el lomo por el equipo, ¿cómo se atrevía este tipo a sugerir que había cosas en las que podría mejorar?" Estaba enojadísimo mientras caminaba a casa esa tarde. Sentado en mi habitación, todavía estaba molesto y no podía dejar de pensar en la retroalimentación.

Entonces escuché una voz en mi cabeza: "José, siempre te dices a ti mismo qué quieres ser una buena persona. Dices que también quieres ser honesto. Bueno, si eres honesto, la verdad es que no eres perfecto, por lo que hay margen para mejorar. ¿Por qué no aceptas la retroalimentación y la ves como un punto justo en el que puedes crecer y mejorar?" Pensé: "Tiene razón. No soy perfecto. Si ese tipo señala algo en lo que puedo trabajar legítimamente, aunque sea un idiota, debo reconocerlo y abordarlo".

Una paz se apoderó de mi corazón que no puedo explicar. La capacidad de entender que, aunque tengas buenas intenciones, eres humano y, por lo tanto, no eres perfecto, te librará de un peso inmenso. Experimentarás un alivio. Te ayudará a recibir la retroalimentación de una manera muy positiva.

Algo que puede ayudarte a aceptar la retroalimentación de manera positiva es dedicar tiempo a la introspección. Escribe tus fortalezas y debilidades. John C. Maxwell explica que ser capaz de enumerar tus debilidades te ayudará a aceptarlas cuando alguien más te hable de ellas. Puedes decir: "Gracias, lo sé. Tienes razón. He estado trabajando en ello".

Uno de los mayores misterios que he visto es que leemos y leemos cientos de libros sobre superación personal, liderazgo y/o administración financiera, pero no ponemos en práctica muchas de las cosas que aprendemos. Lo peor es que a veces predicamos esas lecciones. Como dice el refrán, "predica con el ejemplo", pero a menudo no lo hacemos. Este es un problema común. Puede haber un gran abismo entre lo que decimos y lo que hacemos. Es por eso por lo que la retroalimentación de amigos genuinos es un regalo. Acéptala y actúa en consecuencia.

65. "Si bromean frente a ti, confían en ti".

La primera vez que escuché esta cita fue un gran momento de "¡ajá!" Me di cuenta de que era un cambio de paradigma para muchos líderes. A medida que asciendes de rango, es posible que notes que algunas personas se ríen más de tus chistes. He escuchado a un líder de alto rango decir más de una vez: "Cuanto más asciendo de rango, más chistoso me vuelvo". Hay gente que se va a reír de cualquier chiste que digas, para caerte bien porque has avanzado de rango a un nivel considerable. Eso no te convierte en un mejor líder. Te están halagando debido a tu rango.

En contraste, si bromean delante de ti y contigo, eso refleja que tus subordinados confían en ti, y eso realmente es un ingrediente para el éxito. Deberías observar si tu equipo bromea delante de ti. Como líder, debes estar en una posición de confianza con el equipo al que estás sirviendo. Si confían en ti, acudirán a ti en busca de liderazgo.

Es probable que los profesionales de menor rango de tu equipo no estén dispuestos a acercarse a ti y bromear contigo cuando llegues por primera vez. Trabaja en cerrar esa brecha. Uno de los problemas a los que te enfrentarás es el Índice de Distancia al Poder (IDP). El IDP fue introducido por Geert Hofstede. Es un índice que mide cómo los individuos en una organización aceptan y esperan una distribución desigual del poder y estructuras jerárquicas.

La vacilación inicial de los profesionales de menor rango para acercarse a ti y compartir cualquier cosa puede deberse al PDI, ya que es posible que no quieran sobrepasar ningún límite jerárquico. Harás bien en reducir la "PDI" fomentando conversaciones abiertas, creando relaciones de confianza, asegurando que la organización te perciba como un líder accesible e involucrando a las personas en actividades de manera que puedan sentirse más parte de la esencia que conforma la organización. Y más cerca a ti.

Te beneficiará a largo plazo si fomentas el debate y no te enfadas si tus subordinados expresan que no están de acuerdo contigo en algo, o incluso si te llaman la atención porque les fallaste en algo que habías dicho que ibas hacer. Eres humano y cometerás errores. Supéralo. Si vas a estar en una posición de liderazgo, debes estar abierto a que cualquiera te llame la atención. Debes estar abierto y receptivo a la crítica constructiva. Esto ayudará a crear más transparencia y un equipo más cohesionado.

No seas el líder que tus subordinados se sienten obligados a halagar. Sé el líder con el que se sienten cómodos bromeando.

66. "Las organizaciones promueven a los oficiales que completan sus tareas. No promueven líderes".

Me di cuenta de esta verdad por primera vez cuando estaba siendo considerado para mi ascenso al rango de mayor (O-4). Durante mi trabajo con algunos oficiales de mayor rango, noté que muchos de ellos eran personas desagradables, micro manejaban y no sabían cómo fomentar la colaboración. Otros solo buscaban su propio interés y te dejaban en la oscuridad. Hubo unos que se destacaron como grandes líderes.

Desearía que cada organización promoviera líderes de la misma manera en que votamos por nuestros representantes en el Congreso Nacional en Estados Unidos. Nosotros no votamos individualmente por leyes. Elegimos a representantes en quienes confiamos para tomar decisiones informadas en nuestro nombre. Confiamos en que evaluarán las complejidades de los asuntos en juego y elegirán el camino que se alinee con nuestros valores y objetivos.

En nuestras organizaciones, sería genial si "votáramos" de la misma manera para promover a los líderes adecuados. En cambio, a menudo promovemos a aquellos que siguen órdenes ciegamente, tienen excelentes habilidades de presentación, completan formularios con atención al detalle y siguen una lista de verificación.

He conocido a algunos oficiales que siguen órdenes ciegamente. Son asignados a puestos que sugieren que están en camino a cargos de liderazgo superior. Algunos de los que he conocido eran personas terribles. No los seguiría a ningún lado, pero algunos han alcanzado rangos superiores. Lamentablemente, además de tener un sólido conocimiento de su oficio, necesitan otras herramientas en su caja de herramientas: liderazgo y gestión, a medida que continúan ascendiendo en los rangos. Si carecen de habilidades de liderazgo, promoverlos dejará una mancha desagradable en tu legado. Además, no brindará a tu organización ninguna ventaja estratégica para tener éxito.

Hay otros casos en los que hay personas en posiciones de liderazgo que son realmente amables, son excelentes en su profesión, grandes porristas, y desarrollan una gran relación con sus subordinados, pero son gerentes terribles. Eventualmente, llevan a su equipo hacia un fracaso masivo en el que las personas trabajan en una serie de proyectos innecesarios y no hay rigor administrativo. A medida que creces en tu experiencia, debes crecer también como líder y como gerente.

Las organizaciones promoverán a personas que coloquen ladrillos más rápido. Si eres bueno haciendo lo que se te dice, también desarrolla tus habilidades de liderazgo y gestión para no ser solo un buen albañil, trabaja para ser un gran arquitecto.

Aquí tienes algunas cosas básicas que debes poder hacer bien para ser un líder y gerente sólido.

Líderes:

a) Crear y comunicar una visión convincente.

b) Inspirar a tu equipo.

c) Cuidar de tu gente.

d) Resolver conflictos.

e) Hacer crecer a tu personal.

f) Reconocer y apreciar a los miembros de tu equipo.

Gerentes:

a) Priorizar, planificar y ejecutar objetivos.

b) Organizar a tu equipo para ser más eficiente y efectivo.

c) Saber cómo tomar riesgos calculados.

d) Delegar autoridad a las personas adecuadas.

e) Proporcionar los recursos necesarios a tu equipo para la carga de trabajo.

f) Proporcionar la capacitación adecuada.

Si estás buscando promover a personas, busca evidencia de las habilidades mencionadas anteriormente. Si ser un líder y gerente sólido fuera un delito, ¿habría suficiente evidencia para condenarlos?

Si estás tratando de crecer, asegúrate de crecer en tu profesión, en tus habilidades de gestión y en tus habilidades de liderazgo. No seas un potro que solo puede hacer un truco.

67. "Si todos avanzan juntos, el éxito se encarga de sí mismo" (Henry Ford)

Un pastor que solía seguir compartía: "En la historia del arca de Noé, el arca debía ser un lugar que no olía muy bien y probablemente era bastante ruidoso, pero aun así era el lugar más seguro para estar". El problema es que, en nuestros trabajos, muchos quieren arrancar pedazos del arca (es decir, el barco) y construir su propio barco. No quieren avanzar juntos. No quieren estar en la misma "arca" o el mismo "barco" que las demás personas del equipo. Tienen sus propias agendas. Eso hará que toda la organización se venga abajo.

Puede ser un asunto de ego. Hay equipos y líderes que ven algo nuevo y, sin siquiera pensarlo, su comportamiento grita: "Esto no se hizo aquí, así que no es lo suficientemente bueno", y tratarán de derribar tu barco mientras intentas ayudarlos a llegar del punto A al punto B.

Lo mejor que puedes hacer para evitar que otros encuentren formas de destruir tu barco es incluir a los demás a medida que desarrollas tus capacidades o producto. Construye a partir de una retroalimentación efectiva y muestra que estás pensando en los desafíos de los demás mientras tu desarrollas soluciones que entregarás pronto.

68. "Practica y fomenta la franqueza".

Hay un gran libro titulado "Radical Candor" (Franqueza Radical) que tiene una excelente forma de explicar las trampas en las que puedes caer al intentar dar retroalimentación. El libro ofrece excelentes lecciones sobre cómo puedes administrar la retroalimentación y fomentar la franqueza en tu lugar de trabajo.

Existen una serie de errores que podemos cometer cuando se trata de proporcionar o no proporcionar retroalimentación. Puedes terminar ejerciendo "Empatía Destructiva" si no tienes la firmeza para dar retroalimentación. Algunos pueden ejercer la "Insinceridad Manipuladora", lo que solo conduce a la desconfianza y mata cualquier crecimiento. Algunos profesionales pueden ser demasiado agresivos y ejercer una "Agresión Obnoxia". Esto limitará el cambio que un equipo puede experimentar y solo causará defensividad. El libro explica que la mejor opción es practicar la franqueza, donde pides críticas al tiempo que ofreces críticas específicas, amables y claras, elogios sinceros y ajustes cuando sea necesario. Esto conduce a la creación de confianza y un cambio duradero.

Una vez tuve un ingeniero trabajando en mi equipo que dijo que no estaba contento trabajando con el equipo que teníamos. El ingeniero agregó que preferiría trabajar en una división donde había trabajado anteriormente. Mencionaron a un líder específico con el que disfrutaron trabajar. Acepté ir a hablar con nuestro ingeniero en jefe para ver si había otros proyectos a los que el individuo podría unirse. Todos los líderes a los que nuestro ingeniero en jefe habló dijeron: "¡NO! Hemos trabajado con ese ingeniero antes y es demasiado difícil de trabajar, y nunca logran nada. ¡No queremos trabajar con ese ingeniero de nuevo!"

Me enojé mucho porque este ingeniero había estado en el gobierno durante muchos años, pero en lugar de encontrar una forma de proporcionar retroalimentación efectiva o despedir al individuo, lo habían trasladado de una división a otra. Mi equipo fue el último en tener a ese ingeniero. Quedaron atrapados allí. Para ese momento, el individuo ya estaba establecido en sus formas. Me mudé antes de poder abogar lo suficientemente fuerte para que el ingeniero fuera mi subordinado directo, para poder ofrecer más orientación. Después de un año en mi próximo trabajo, pregunté por el individuo. Aún seguían allí. Fallaron en el último proyecto que les asignaron y nadie sabía dónde habían movido al individuo.

Cuando no proporcionan retroalimentación efectiva y no creas un ambiente de franqueza, dejas muchos problemas sin resolver y muchos miembros de tu equipo sin la responsabilidad adecuada. Tienes que crear un ambiente en el que tu equipo y tú puedan tener conversaciones francas.

También debes promover la franqueza con tus líderes. He visto revisiones de desempeño de personal en las que los supervisores anteriores de un individuo escribieron comentarios elogiosos sobre lo maravilloso que es el individuo, pero nunca clasificaron al individuo entre sus compañeros ni apoyaron sus objetivos profesionales. Esto era un "código" para decir "esta persona no necesita ser ascendida". El individuo no sabía la diferencia, pero yo tenía la suficiente experiencia para saber que el lenguaje halagador no significa nada cuando no hay una clasificación o calificación del individuo. Por ejemplo: "Este es mi #1 de 35 capitanes". Además, sus revisiones de desempeño anteriores no mostraban ningún impacto calificado y/o cuantificado de su desempeño. Sus revisiones de desempeño tenían mucha palabrería, pero al individuo lo estaban poniendo en una situación donde podría ser despedido en una Reducción de Personal (RDP). Por otro lado, nadie le dio al individuo ninguna retroalimentación sobre dónde podría mejorar y justificar realmente una buena calificación entre sus compañeros. Leí todas las notas de retroalimentación que compartieron con el joven oficial. Todos decían: "¡Lo estás haciendo genial!" sin los indicadores verdaderos que estaba siendo genial.

Hay líderes que te dirán que eres genial, pero nunca van a respaldar tus objetivos profesionales y, a veces, incluso hablarán mal de ti a tus espaldas. Te dirán una cosa y harán otra. Si no estás viendo el apoyo que necesitas, ve a hablar con ellos y pregunta qué debes hacer para obtener su verdadero respaldo. Demuéstrales que puedes manejar la franqueza.

69. "Cometerás errores al contratar a personas. Necesitas despedirlas tan pronto como puedas y ayúdales a encontrar un puesto en otro lado".

Esta es otra lección que se relaciona con reconocer nuestros errores y darnos cuenta dónde fallamos. La experiencia me ha demostrado que incluso los mejores líderes y entrevistadores de vez en cuando contratarán a la persona equivocada. No pienses que nunca cometerás un error al contratar. Eres humano. Si necesitas despedir a alguien, admite tu error de haberlos contratado, lo más rápido posible, y ayúdalos a encontrar un puesto en otro lugar. Déjalos ir. Ayúdales a caer de pie en otro lugar. Comienza a buscar a la persona adecuada para ese puesto que está bajo tu supervisión. No dejes que tu ego se interponga. No continúes invirtiendo en algo que está fallando solo porque no quieres admitir que tomaste una mala decisión. No hagas eso con tu equipo. Cuanto más permitas que alguien que no debería estar en el equipo permanezca en el equipo, más afectas su moral, productividad y su confianza en ti.

Hay un breve video en línea de Gary Vaynerchuk que explica que a veces queremos mantener a una persona allí debido a nuestro ego, no queremos admitir que cometimos un error en la contratación. Revisa tu ego y contrata a la persona adecuada para el trabajo.

A veces, la decisión de despedir a alguien no es tan clara. Tuve un ingeniero que era extremadamente inteligente y muy agradable. El ingeniero y su compañero lideraron un proyecto durante algunos meses. Cada vez que me informaban, tenían una gran explicación sobre cómo no podían avanzar porque estaban abordando un nuevo desafío que había surgido. Después de varios meses, pensé: "Al final del día, debe haber progreso y no ha habido ninguno. No importa cuán bien puedan explicar la situación, no hay progreso. El ingeniero debe irse".

Después de varias reuniones en las que enfatice la necesidad de progreso y no vi ninguno, me acerqué al liderazgo de ingeniería y solicité la reasignación del ingeniero. Dos días después de su partida, los desafíos que habían surgido en los últimos seis meses desaparecieron. El otro ingeniero que formaba parte del esfuerzo volvió con un plan sólido y comenzó a progresar hacia el objetivo.

Aun cuando alguien te dé una explicación inteligente, incluso si el líder es extremadamente inteligente, si el equipo no se acerca a lograr el objetivo, debes reemplazar al líder. A veces, he visto a líderes inventar una historia inteligente de por qué están atrasados en un proyecto y su jefe no tiene idea de que su mentira roza lo criminal. Si solo los responsabilizas por entregar, no necesitas tratar de evaluar si su historia tiene sentido o no. Se trata de liderazgo. O bien las cosas se están haciendo o no. A veces, necesitarás despedir a personas que son amables, agradables, geniales para pasar el rato y respetuosas. Si no pueden avanzar o lograr cosas, debes dejarlos ir. Si los mantienes allí, es como tener una montura hermosa, cómoda y muy cara, pero sin caballo. No parecerás inteligente simplemente sentado en la silla de montar en un potrero vacío. Cualquiera que pase se reirá.

Otro problema que he notado en los líderes es que no tienen la valentía de despedir a las personas. Algunos hacen referencia a la frase "No existen malos soldados, solo malos líderes". Esto no es cierto. Hay miembros del equipo que son ineficaces. Un líder debe actuar. Podría ser que son miembros del equipo ineficaces. He tenido que decirles a las personas directamente: "Si continúas así, no puedo permitirme tenerte en el equipo". Algunos han estado dispuestos a cambiar, otros comenzaron a buscar otros empleos.

Siempre evalúate a ti mismo(a). Podría ser que no hayas establecido las expectativas lo suficientemente bien. Podría ser que simplemente elegiste a la persona equivocada para el trabajo equivocado. Si necesitan irse, déjalos ir. Ayúdalos a encontrar un trabajo en otro lugar (si no han cometido un delito), pero no dejes que tu ego se interponga en el despido de las personas que no son adecuadas para el trabajo.

En resumen, encuentra una manera de eliminar a quienes no pertenecen a tu equipo. Protege a tu equipo. Protege la misión.

70. "Las burocracias pueden obligar a los equipos a mantener en nómina a personas descontentas e incompetentes".

En el gobierno, si no formas parte de una unidad selecta, una sede superior o programas de alta visibilidad como el F-22, F-35 y otros similares, es posible que termines con personas completamente ineficaces que han estado dando vueltas por el gobierno sin ser despedidas. No es fácil despedir a alguien en el gobierno.

Nadie es perfecto, pero en el gobierno, hay personas que son completamente incompetentes y siguen cobrando un sueldo. Al verlos, no sabrás si reír o llorar.

El gobierno dificulta el despido de los empleados públicos. Entonces, ¿qué puedes hacer cuando te encuentras con estos empleados?

a) Habla con ellos para ver si hay problemas que puedas abordar. A veces, están buscando la oportunidad de asumir más responsabilidad, pero lo están haciendo de manera incorrecta. Estos responderán a la tutoría. Pregúntales: "¿Por qué estás sirviendo? ¿Por qué estás aquí?" Ser asertivo será de gran ayuda. Estas conversaciones pueden tener muchas formas. En uno de mis trabajos, había una persona que era bastante agresiva con las personas de otros equipos bajo mi supervisión. La persona se tardaba para ayudar a las personas del equipo que venían a pedir apoyo. Al abordarlo, le dije: "¿Qué es lo que escucho acerca de qué asustas a la gente y les das todo tipo de problemas?" La respuesta fue: "Señor, ellos esperan hasta el último minuto para presentar sus solicitudes. No me involucran en el proceso. Si lo hicieran, incluso podría ofrecerles una mejor solución". Pregunté: "Siento que es porque te tienen miedo. ¿Crees que puedes tratarlos con amabilidad? La cosa es que necesito tu experiencia y tu liderazgo. Si los demás no pueden acercarse a ti porque te tienen miedo, no puedo usar tus habilidades de liderazgo y experiencia. Necesito que otros se sientan cómodos al acudir a ti para obtener ayuda, para que puedas liderarlos hacia una solución". Para el crédito de la persona, tomó grandes medidas para cambiar la situación. Pronto estaba ayudando al equipo a encontrar soluciones que otros no habían considerado.

En otra ocasión, uno de mis subordinados me dijo que la tarea que yo le estaba asignando no se podía hacer. Yo había estado en la Fuerza Aérea el tiempo suficiente para saber que era posible. Insistió en que no se podía hacer. Más tarde, le pedí que viniera a platicar conmigo. Cuando vino, pudo ver la frustración en mi rostro mientras le decía: "Eres en quien confío. Si no puedo confiar en ti, ¿en quién puedo confiar? Necesito una solución. ¿A quién más puedo recurrir? Ahora, déjame saber si debemos ir con alguien más". Cuando una persona se siente confiada, es un motivador increíble. Terminó encontrando una solución.

Nunca sabes cuál puede ser el problema, así que habla con las personas. Averigua si puedes proporcionar una solución, romper barreras o inspirarlos a liderar. Pero ten en cuenta que habrá momentos en los que la persona puede ser tóxica y tendrás que empezar a buscar otra manera de lidiar con ellos o, con suerte, sacarlos del gobierno.

b) Habla con su supervisor. Puedes comenzar un registro en papel documentando su ineficacia y mala actitud. Por lo general, las personas responden a su supervisor, ya que su salario, bonificaciones y ascensos pueden depender de él.

c) Déjalos fuera de los proyectos que estás trabajando. He estado en trabajos en los que no tengo tiempo para comenzar la documentación de su inefectividad, así que simplemente comienzo a dejarlos fuera de todo lo que estoy haciendo. Tu equipo agradecerá no tener que ver al empleado negativo, descontento e incompetente en tus reuniones. Esos empleados son como un cáncer. Hubo un caso en el que este enfoque de dejar a alguien en la fría soledad impulsó a la persona a contribuir al equipo. Para su crédito, comenzaron a participar con una actitud positiva. A la persona normal no le gusta ser vista como alguien que no contribuye. En uno de mis trabajos, las personas que eran incompetentes y se les permitía permanecer en el gobierno eran tantas, que uno de mis compañeros de equipo y yo tuvimos que hacer dos listas para reflejar (1) "Personas que hacen el trabajo" y (2) "Personas que crean trabajo". Esto nos ayudó a identificar a quiénes no debíamos invitar a nuestras reuniones.

Lamentablemente, el gobierno está lleno de civiles y militares que están "Retirados En Servicio Activo" (RESA), y hay poco que sus líderes estén dispuestos a exigirles que se responsabilicen. He estado en unidades donde hay militares y civiles que simplemente no renuncian, pero nadie puede deshacerse de ellos. Cuando no hay absolutamente ninguna forma de despedirlos y tu liderazgo te ha atrapado con ese tipo de persona que no trabaja, y has intentado desarrollar una relación con ellos para inspirarlos, y les has asignado proyectos en los que fracasan, prueba la lección #91.

Si nada funciona, regresa a tu equipo y diles que lamentablemente esa es la realidad actual con la que estás atrapado. Reconoce el sistema fallido. Agradece su carácter y ejemplo. Elogia su arduo trabajo. Hay que recompensarlos. Alimenta la buena hierba mientras dejas la paja al viento.

Idealmente, nuestras leyes y regulaciones podrían cambiar para que tuviéramos la capacidad de deshacernos de personas como estas de manera más eficiente y, de esa manera, servir mejor al contribuyente.

Si eres un líder de alto rango, existen formas de reducir el número de personas descontentas e incompetentes que permanecen en tu nómina. La acción más saludable es crear una cultura en la que las personas descontentas e incompetentes no puedan sobrevivir. Ten una cultura que fomente la sinceridad, franqueza, donde todos trabajen duro y brinden retroalimentación a aquellos que no están cumpliendo con su parte del trabajo. Si la cultura en tu equipo táctico tiene un entorno en el que ese tipo de empleados no pueden moverse con libertad, generalmente abandonan la organización. Temo que hay momentos en los que simplemente debes encontrar una forma de despedirlos.

Hay una opción adicional de la que hablaré en otra sección, lección #91.

71. "Ninguno de nosotros es tan tonto como todos nosotros juntos".

Escuché esta cita por primera vez en una reunión de profesionales de adquisiciones. Me recordó al "Pensamiento de Grupo". ¡Ten cuidado de no caer en el Pensamiento de Grupo! Ocurre cuando un grupo de personas tiene el deseo de armonía en un nivel en el que están dispuestas a permitir una toma de decisiones terrible. El pensamiento de grupo sucede cuando un equipo prioriza el consenso sobre evaluaciones críticas de la realidad.

Si experimentas u observas cualquiera de los siguientes puntos, es posible que te encuentres en un equipo que ha caído en el Pensamiento de Grupo:

a) El grupo ignora retroalimentación negativa, riesgos y advertencias.

b) El equipo ve a sus líderes con superioridad moral.

c) Los forasteros son vistos como enemigos e inferiores.

d) Los miembros ocultan sus verdaderos pensamientos por miedo y preferencia por parecer unidos.

e) Los líderes aplican una presión significativa sobre los miembros del equipo que tienen opiniones no conformes.

f) Algunos miembros pueden actuar como guardianes que no permiten que los forasteros hablen con sus miembros.

g) Se percibe que todos están de acuerdo porque no hay desacuerdo visible.

Si deseas estudiar ejemplos de Pensamiento de Grupo, hay material extenso en línea, estudios de casos, artículos, etc. Evalúa ejemplos como el lanzamiento del transbordador espacial Challenger después de que los ingenieros compartieron preocupaciones sobre las juntas tóricas en ciertas temperaturas. Otros ejemplos son el ataque a Pearl Harbor y la Guerra de Vietnam. Algunos pueden identificar el pensamiento de grupo como un factor en la Crisis Financiera de 2007-2008. En mi opinión, ese caso puede ser más difícil de estudiar, pero los otros ejemplos son casos de grupos más pequeños involucrados en desastres tan impactantes.

72. "Cuando tu jefe promete algo, NO lo prometas a tus subordinados".

En uno de mis trabajos, teníamos un equipo grande que sabía que nos habíamos quedado sin dinero. El jefe de mi jefe nos dijo que contratemos más personal y que avancemos a toda máquina. Nos dijo que gastemos el dinero porque había más dinero en camino para nuestro programa, que era una alta prioridad para la Fuerza Aérea. La intención era permitir que el equipo del programa agregara más ingenieros, ya que estábamos en apoyo de operaciones. Estaba basando su evaluación en una nota que un líder de muy alto rango había escrito en el reverso de una página de notas. No había nada formal y cuando nos quedamos sin dinero, el dinero que el jefe de mi jefe nos prometió nunca llegó.

Mientras tanto, mi equipo sabía que quedaba poco dinero. La mayoría de ellos eran contratistas y querían saber si debían empezar a buscar otros trabajos. Les dije: "El coronel (O-6) dijo que iba a conseguir el dinero, así que el dinero estará aquí". El dinero nunca llegó y tuvimos que reducir más de la mitad del equipo. Pasamos de aproximadamente 180 personas a alrededor de 70. Me sentí horrible porque esencialmente había respaldado al coronel en frente de mi equipo y el equipo creyó en mí. Los defraudé. Aunque todos sabíamos que ser contratista puede hacer que el trabajo sea un poco más inestable en lo que respecta a mantenerlo durante el año, les debería haber dicho: "El coronel dijo que iba a hacer lo necesario para asegurarnos de que obtengamos el dinero, pero no está confirmado, así que existe la posibilidad de que no obtengamos el dinero". Eso es lo que debería haber dicho, como mínimo. La lección que aprendí es que no debes respaldar a tu jefe en ese sentido. Ósea, no metas las manos al fuego por él o ella a menos que lo conozcas muy bien. Es mejor poder caracterizar la realidad en vez de meter las manos al fuego por alguien que no conozcas, aunque tengan mucho rango. No sería la última vez que nos prometieron algo y no viéramos a alguien cumplir. Algunas personas en puestos de liderazgo son políticos y algunos son "promiticos" que se entusiasman con las cosas, así que prometen entregar algo para entusiasmar a todos, pero no cumplen completamente. Puede que tengan buenas intenciones, pero sé prudente; no respaldes sus promesas con los demás. Simplemente transmite la realidad de la situación.

73. "No juegues el juego de maniobras políticas".

Una vez tuve un jefe que tenía reuniones frecuentes con varias partes interesadas en diferentes niveles de la cadena de mando, pero rara vez incluía a nuestro equipo. Como resultado, a menudo nos encontrábamos en la oscuridad. Nos enteramos de desarrollos clave y una nueva dirección cada vez que nos reunimos con él, después de que se hubieran tomado decisiones. Esto creó una atmósfera similar a una telenovela, haciéndonos sentir desconectados del proceso de toma de decisiones.

Durante mi tiempo en esta asignación, presencié una cantidad de maniobras políticas, todas destinadas a asegurar asociaciones favorecidas, mientras se marginaba a otros. Desafortunadamente, muchas de estas movidas calculadas resultaron en decepciones. Mi consejo es simple: abstente de maquinar y, en su lugar, concéntrate en decisiones que mejoren tu misión, sirvan a tus clientes y respalden a tus empleados. En lugar de sobre analizar basado en el capital político que deseas obtener, identifica el valor que buscas crear para tu gente, pueblo, equipo, o misión y persíguelo sinceramente.

En liderazgo, la transparencia puede ser uno de tus mayores activos. Involucra a tu equipo siempre que puedas. Cuando priorizas la transparencia sobre los juegos políticos y el manejo de secretos, descubrirás que tu equipo no solo es más productivo, sino también más unido, motivado y equipado para alcanzar metas compartidas.

"En lugar de tratar de hacer el cálculo, crea la química". Desarrolla tu relación con tu equipo, mejora tu toma de decisiones situacionales con su apoyo, fortalece a tu equipo, anímalos a innovar y crear, y les debes permitir que te preparen para navegar por el panorama político fuera de tu organización. ¡Currahee (Estamos solos, juntos)!"

74. "Navega las regulaciones en beneficio de tu equipo".

Siempre debes estar preparado para defenderte de manera asertiva y respetuosa por lo que es correcto.

A veces esto significa que tendrás que enfrentarte a líderes superiores. Hay algunos líderes que aplicarán las regulaciones sin pensar. Hay casos en los que necesitas reconsiderar la aplicabilidad de algunas regulaciones. Si no aplica, elimina las regulaciones del camino y no obligues a tu equipo a tropezar con ellas. No puedo contar las veces que dije: "Hay una diferencia entre una ley y una regulación. Si es una regulación, dime cómo podemos obtener una exención para ella".

Sé un auténtico y buen administrador, sabiendo qué regulaciones sólo obstaculizan el camino de tu equipo. No apliques todo de manera automática en las regulaciones. Sé un buen administrador sabiendo discernir. Está preparado para renunciar a algunas reglas para proporcionar el alivio adecuado a tus tropas de regulaciones que imponen dificultades innecesarias a tu equipo. Ten el valor de hacerlo y explícalo a tus líderes. No permitas que los líderes superiores tropiecen con la regulación. Mantén tu decisión. Hay una cita que leí una vez que decía: "El jefe me puede decir dónde sentarme, pero nadie puede decirme dónde debo estar de pie". Sabe cuándo y dónde ponerte de pie por una causa justa para cuidar a tus tropas y la misión.

Lo he visto de primera mano, donde los comandantes nunca moverán un dedo para cuidar a sus tropas. Evaluar si necesitamos una excepción para una regulación requeriría que usen su cerebro y su valentía, pero no están acostumbrados a hacerlo porque han llegado a donde están siguiendo órdenes ciegamente. Sabían cómo, pero nunca entendieron por qué. Me hace hervir la sangre recordar que ascendemos a estos profesionales. Llegan a ser oficiales de alto rango solo para convertirse en EL problema.

Defender una causa justa, por tus tropas y tus equipos, significa que habrá momentos en que debas renunciar a algunas regulaciones. Encuentra algo de valentía.

75. "La paz no es la ausencia de conflicto. Es la presencia de justicia". (Martin Luther King, Jr.)

Habrá conflictos en tu organización. Habrá personas que querrán desafiar a tu equipo o a alguien en tu equipo. Habrá personas en tu equipo que querrán menospreciar a otros. Habrá gerentes bajo tu mando que tratarán mal a sus subordinados.

¡Defiende a tu equipo! No mires hacia otro lado. Promueve el liderazgo ético, cultiva un entorno de trabajo justo y equitativo, crea canales de comunicación abiertos y permite que tu equipo vea los resultados de tu lucha por ellos.

Hubo muchas ocasiones en las que alguien de mi equipo vino a mí para informar sobre la falta de respeto de alguien fuera del equipo o simplemente para decirme que alguien les había dicho que "No" porque no tenían la inteligencia, el valor, la energía, la buena voluntad o la autoridad para decir "Sí". Me involucré de inmediato y salí de mi oficina listo para romper cercos y paredes. En otras ocasiones, un miembro de mi equipo vino a mí para compartir que alguien en mi propio equipo había sido poco profesional, irrespetuoso y completamente insultante. Dejé lo que estaba haciendo y mi enfoque se centró por completo en obtener todos los hechos de lo que sucedió. Me esforcé por obtener todos los hechos ese mismo día para tomar una decisión antes del cierre de la jornada laboral, si no antes. Este tipo de problemas no se tolerarían ni un día más. Mi equipo sabía que sería justo y que lucharía por lo que era correcto. Sabían que trabajaba extremadamente duro para obtener los recursos que necesitaban y asegurarme de que tuvieran un entorno de trabajo en el que pudieran trabajar en verdadera paz.

Mi equipo sabía que no necesitaban involucrarse en ninguna pelea, ya sea con alguien fuera de nuestra organización o dentro de ella. Luché contra los que querían aprovecharse de un miembro de mi equipo y los que les querían faltarle el respeto, estuvieran donde estuvieran. También dejé muy claro que no habría tolerancia para la falta de respeto dentro del equipo. Decía una línea de uno de mis programas favoritos de televisión, "Aquí no hay peleas en este rancho. Si quieres pelear, ven a pelear conmigo". Si sabes, sabes. Para aquellos que no lo saben, es de la serie "Yellowstone". Añadía: "Si quieres gritarle a alguien, ven a gritarme. Cerraré la puerta y puedes gritar todo lo que quieras. Quiero entender tu frustración y toda la situación. Pero luego, vamos a solucionar el problema".

En una de nuestras reuniones de planificación estratégica fuera del entorno de trabajo, mi ingeniera jefa dijo algo que quizás haya sido una de las cosas más amables que alguien me ha dicho. Compartió con todo el equipo que en su carrera nunca había visto a un líder actuar tan rápido para abordar los problemas que su gente le presentaba, como yo lo hacía. Me hizo sentir tan agradecido. Nunca se me pasó por la cabeza que alguien diría eso, pero fue un recordatorio de que tu equipo está observando y de que puedes marcar la diferencia en sus vidas.

Defiende a tu equipo. Si no tienes la valentía para hacerlo, no te dediques a liderar.

76. "Desarrolla tu carácter".

El liderazgo requiere carácter. ¿Qué es el carácter? John C. Maxwell lo explica como el conjunto de valores que has adoptado. Es en lo que basas tus decisiones. ¿Te has detenido a pensar en esa lista de valores en la que fundamentas tus decisiones?

Como líder, deberás desarrollar tu carácter con valores honorables: la bondad, el coraje, la prudencia, la templanza, la justicia, el servicio y más.

Crea tu lista de valores con los cuales tomarás tus futuras decisiones.

77. "Amor".

Sí, necesitarás amar a tu equipo si deseas liderarlos. A veces, deberás sufrir el frío, el calor, el hambre y más, por tu equipo; tus compañeros. Amar, no como una emoción, sino como una acción y como un principio; ese es tu deber como líder.

Hace años, me encontré con la historia de Angus McGilliray en internet. Ernest Gordon la compartió por primera vez en su libro donde contó la verdadera historia detrás del puente sobre el río Kwai.

Angus era un escocés, prisionero de guerra. El campo de prisioneros se había vuelto extremadamente despiadado. Cada prisionero velaba por sí mismo. Se robaban cosas entre ellos y solo se preocupaban por su propia supervivencia. Sin embargo, los soldados escoceses, como Angus, se tomaban en serio su sistema de "compañero de batalla". Llamaban a su compañero de batalla su "mucker".

Angus sabía que su mucker se estaba muriendo, pero no estaba dispuesto a abandonarlo. Alguien le había robado la manta a su mucker. Angus le dio su manta y le dijo que tenía una de repuesto. Cuando llegaba la hora de comer, Angus le daba su comida a su "mucker" y se aseguraba de que la comiera para ayudarlo a recuperarse. Le hacía saber que tenía comida adicional.

A medida que el "mucker" de Angus comenzó a recuperarse y parecía más saludable, Angus colapsó y murió. Más tarde se descubrió que Angus murió de falta de alimentación y agotamiento. Angus nunca tenía comida adicional. Nunca tenía una manta adicional. Dio a su mucker todo lo que tenía.

Cuando los otros prisioneros supieron por qué Angus murió, el campo comenzó a cambiar. Comenzaron a centrarse en sus compañeros. Colaboraron para construir su propio hospital e iglesia. El lugar se transformó porque un hombre dio todo por su amigo. Angus transformó ese campo. ¿Quieres transformar una organización?

El liderazgo se trata de materias del corazón. Si no lo tienes, no te dediques a liderar.

NOTAS DE ADMINISTRACIÓN

78. "Contrata a profesionales que son 10 y 9. Puedes emplear a algunos que son 8, pero no contrates a aquellos de 7 o menos".

Stephen Schwarzman, en su libro "What It Takes", explicó cómo califica a los solicitantes para decidir a quiénes contratar. Utiliza una escala del 1 al 10.

10 = Pueden reconocer problemas por adelantado y crear soluciones.

9 = No pueden prever problemas por adelantado, pero si tú los compartes, pueden crear soluciones.

8 = Hacen lo que se les dice.

1 a 7 = No contratar

En tus entrevistas, ¡pídeles a las personas que te cuenten sobre una experiencia en la que reconocieron un problema por adelantado y crearon soluciones! Pueden emocionarse mucho al contarte su experiencia.

79. "No escribas cartas de recomendación para personas con las que no hayas trabajado al menos durante 6 meses".

Esta es una lección que escuché de uno de mis compañeros en lo que ahora es la Fuerza Espacial. Siempre habrá personas que te pidan tu recomendación. Recuerda que tu nombre y tu firma significan algo. Debes tener una regla de no escribir cartas de recomendación para nadie con quien no hayas trabajado al menos durante seis meses. Escribir y firmar una carta de recomendación para alguien con quien no has trabajado ni siquiera sería honesto. Si son ineficaces en el trabajo, no querrás poner tu nombre en una carta de recomendación para ellos.

En una ocasión, tuve que decirle a uno de los miembros del escuadrón: "Nunca he trabajado contigo, así que no hay mucho que pueda decir. Puedo escribir sobre cómo te he observado como alguien muy solidario y amable".

En otra ocasión, tuve que decirle directamente a la persona: "No puedo escribir una carta de recomendación. Puedo hablar de lo respetuoso y amable que eres, pero no puedo hablar de tu eficacia". Le había dado muchas oportunidades para demostrar que podía aportar valor al equipo, pero estaba tan perdido en nuestras conversaciones que ni siquiera podía encontrar su propio trasero. Es un decir. Estaba tan perdido y desorientado. Este individuo estaba molesto porque yo no estaba dispuesto a escribir una carta de recomendación para él con las palabras que él quería, pero debes ser honesto y preservar tu nombre. ¡"Tu nombre está en la camisola!"

80. "Hay cuatro tipos de oficiales" (Hammerstein-Equord).

Esto se aplica a organizaciones en la industria privada también. Uno de los jefes que tuve compartió esto conmigo.

Oficiales	Haraganes	Energéticos
Inteligentes	**COMANDANTES** Suficientemente inteligentes para saber que debe hacerse. Lo "perezosos" como para apartarse del camino y permitir que su equipo ejecute	**OFICIALES DE ESTADO MAYOR** Suficientemente inteligentes para saber que debe hacerse. Lo suficientemente energéticos como para hacerlo.
Tontos	**TAREAS BANALES** Tienen su lugar, con tareas simples (por ejemplo, "Vigila la entrada", "coordina este formulario," etc.)	**DESPEDIR INMEDIATAMENTE** Son enérgicos y la gente percibirá que saben lo que están haciendo, y estos oficiales llevarán a otros a hacer las cosas incorrectas a toda velocidad

He tenido jefes que me preguntan si puedo encontrar un proyecto para alguien que encaja fácilmente en la categoría de "Tonto" y "Energético". Me han preguntado: "¿Hay un proyecto menos complicado que puedan manejar?"

Mi respuesta ha sido: "Señor, la pregunta es, ¿está dispuesto usted a permitir que estropeen algún proyecto?" Dimos un nuevo proyecto a una persona que consistentemente había tenido problemas en otros equipos. Era un trabajo con menos visibilidad, más apoyo y menos complejidad, y aun así lo estropeó. Utilice la tabla anterior para analizar dónde necesita que la gente se ubique.

Hay situaciones en las que se vuelve un poco confuso. Algunas personas son tontas y enérgicas, pero hablan con tanta confianza que la gente les cree. Son capaces de hablar con palabras de moda o cualquier otra palabra que impresione a sus oyentes. En ese caso, nadie puede darse cuenta de inmediato de que son tontos y enérgicos. "Nunca confundas entusiasmo con capacidad" (General Hugh Shelton). Un amigo solía decir: "Puedes ir a 1,000 millas por hora, en la dirección equivocada". Lamentablemente, he visto varios de este tipo de oficiales ascender en las filas. Lo mejor que puedes hacer es llenar tus procesos de transparencia y apertura para que, cuando estos líderes tontos y enérgicos hagan algo que revele el riesgo que representan para el equipo, tengas el consenso de las personas involucradas para hacerlos responsables.

Un problema con el que te enfrentarás, al menos en el gobierno, es que a demasiadas personas se les permite permanecer como "Tontos y Perezosos" y nadie puede despedirlos. Puedes estar en una situación en la que realmente necesitas más personas enérgicas, y tu organización tiene demasiados "Tontos y Perezosos" dando vueltas. La organización debe limitar cuántas personas se les permite mantener el empleo cuando la extensión de sus habilidades naturales se limita a realizar tareas banales.

Un desafío que verás es que, de vez en cuando, todos nos encontramos en los cuatro cuadrantes de la tabla de arriba. La clave es mantenerse constantemente en el cuadrante en el que nuestro equipo nos necesita. Hubo un momento en el que mi subalterno tuvo que decirme: "Señor, quítese del camino", porque yo era el encargado y estaba actuando como un oficial de estado mayor y como parte del equipo. Otra vez, me dijo: "Recuerda que, si compartes una idea con el equipo, lo verán como una orden. Platiquemos sobre sus ideas antes de decidir compartirla con el equipo". Tuve que apartarme y utilizar su experiencia para formar nuestro futuro en lugar de actuar como un oficial de estado mayor que estaba en el equipo y meterme de lleno en el camino del equipo.

81. "Conoce la diferencia entre un riesgo y un problema".

Al comenzar cualquier tarea, evalúa cuáles son tus problemas y cuáles son tus riesgos. Si no hay ninguno, ten cuidado, es posible que no estés obteniendo toda la información que deberías.

Un problema es algo que ya ha ocurrido o está ocurriendo en este momento, y puedes abordarlo. Un riesgo es un evento futuro potencial. Los riesgos son inciertos. Necesitarás determinar una estrategia para gestionar los riesgos. Deberás elegir una estrategia de las siguientes:

a) Mitigar: Tomar medidas proactivas para reducir la probabilidad y/o el impacto de un riesgo.

b) Transferir: Transferir la responsabilidad de gestionar el riesgo a otra parte (por ejemplo, comprando seguros).

c) Evitar: Tomar acciones para eliminar completamente el riesgo al no llevar a cabo la operación que presenta el riesgo.

d) Aceptar: Conscientemente no tomar ninguna medida para mitigarlo, transferirlo o evitarlo.

Al analizar las cosas, investiga las causas fundamentales. Piensa "¿Por qué siquiera tenemos este riesgo en primer lugar?"

Una forma que te ayudará a diferenciar los riesgos de los problemas es articular la declaración de riesgo. Deben escribirse en forma de declaraciones "SI" y "ENTONCES".

Por ejemplo:

**SI** nuestro proveedor principal experimenta una interrupción catastrófica debido a un desastre natural en la temporada de huracanes de agosto a febrero, **ENTONCES** no tendremos suficiente suministro para satisfacer a nuestros clientes un mes después del último envío.

Nota que incluí un marco de tiempo. Querrás tener ese marco de referencia para saber cuándo es tu "tiempo de vulnerabilidad".

Recuerda incluir la PROBABILIDAD de que esto ocurra y el IMPACTO que tendría. Puedes usar una escala del 1% al 100% o una escala más pequeña, como del 1 al 5, para cada uno de los dos.

En cuanto a las acciones que tomarás para mitigar, transferir o evitar, deberás identificar cuándo es tu "Punto de no retorno". Publica esa fecha en algún lugar. De esta manera, puedes asegurarte de que se tomen las acciones adecuadas antes de que tu equipo se encuentre en tu ventana de tiempo de vulnerabilidad.

Hay plantillas en internet que puedes utilizar para hacer esto visualmente.

82. "Haz estimaciones prudentes sobre cuándo entregarás".

He visto a muchos líderes prometer mucho y simplemente no pueden cumplir. Un jefe que tuve solía decir: "tienen una boca de buque de guerra y un trasero de bote de remos para respaldarla".

Sé prudente en tu estimación cuando le digas a tu jefe o a tu cliente que entregarás algo en una fecha determinada. Otórgate un margen de seguridad. No te vuelvas loco dando un tiempo excesivamente ajustado, pero tampoco hagas que los demás esperen demasiado tiempo. Sé prudente.

83. "Trata de tomar tus decisiones lo más objetivamente posible".

Tomar decisiones a veces se convierte en una situación confusa. Hay momentos en los que no tienes toda la información. Otras veces, tienes toda la información, pero no has determinado el valor de cada una de tus opciones. Yo uso una Matriz de Decisión y aplico algo de matemáticas básicas a ella. Una matriz de decisión también te ayuda a llegar a un consenso porque todos ven las matemáticas (el proceso de pensamiento).

Por ejemplo, supongamos que te mudaste a otra ciudad con tu cónyuge y ambos deben decidir dónde vivir, y hay dos casas entre las que no pueden decidir.

<u>Enumera las cosas que valoras</u> en la casa (por ejemplo, qué tan cerca está del centro comercial/trabajo/escuela, cuánto cuesta, estética, etc.).

<u>Asigna un peso a cada uno de los valores</u> para mostrar cuán importante es cada uno. Todos pueden ser igual de importantes para ti, o algunos pueden ser más importantes que otros. Muéstralo en números. Puedes usar porcentajes o números (por ejemplo, 1-5, 1-100, etc.).

<u>Luego califica cada casa en cada uno de los valores</u> que enumeraste. ¿En qué medida se llega cada casa a tus valores? En la escala que uses, ¿cuánto es el resultado de tu Casa #1 o Casa #2 en cada uno de los valores?

Luego <u>multiplicas tu peso de uno de tus valores con las calificaciones debajo de cada casa</u> que corresponde con el valor.

Finalmente, <u>sumas cada resultado de la multiplicación entre el valor y las calificaciones</u>. La que tenga el número más alto es la casa que debes elegir. Puedes ver el ejemplo que puse al final de esta sección para ver una imagen y entender mejor el proceso.

Una cosa importante que considerar es que, a medida que haces esto, revelará gran parte de tu proceso de pensamiento. Una vez que tu proceso de pensamiento se vuelva más claro para ti, habrá momentos en los que querrás volver a evaluar cuánto peso asignas a un valor o cuánto calificas una opción para un valor determinado.

Aquí en la próxima página tienes una representación visual del ejemplo. La intención es mostrar a tu equipo qué es importante y cuál es tu proceso de pensamiento colectivo a medida que deciden y, al final, podrás "cuantificar" por qué te decides por la opción #1 o #2.

	Casa #1			Casa #2	
Valores	Peso	Calificacion	Peso x Calification	Calificacion	Peso x Calificatio
Cerca del trabajo	3	1	3	1	3
Cerca de tiendas	3	1	3	2	6
Cerca de escuelas	2	3	6	3	6
Renta	1	1	1	1	1
Estetica	1	1	1	1	1
			14		17

*Peso: ¿Qué tan importante es cada valor?

**Calificacion: ¿En qué medida se llega cada casa a tus valores?

84. "El primero que cae en combate será el plan".

En Afganistán, un líder a quien respetaba mucho compartió que una vez que comienza el caos del combate, generalmente lo primero que se va por la ventana es tu plan. Pero es esencial planificar. Te ayudará a comprender todo lo que puedes hacer en respuesta a lo que puede ocurrir en tu espacio de batalla. Debes poseer ese conocimiento.

En la vida, recuerda esto. A veces te golpean en los dientes y tu plan no se cumple. Debes entender que es parte de la vida y necesitas encontrar una manera positiva y exitosa de responder para seguir adelante.

85. "Basura entra. Basura sale".

Lo que sea que veas, leas, hables y escuches alimentará tus pensamientos. Si metes basura, no te gustará lo que salga. Sé intencional acerca de lo que entra.

Cuando se trata de herramientas de gestión como Jira, SharePoint o cualquier otra herramienta electrónica, ten eso en mente; basura entra, basura sale. Esas herramientas no te ayudarán si no las estás utilizando adecuadamente con la información correcta.

86. "La reunión antes de la reunión".

Odio las reuniones, pero hay reuniones para las que debes planificar. Si se trata de reuniones externas, debes reunirte con tu equipo de antemano. Odio decirlo, pero a veces (no en todos los casos) realmente necesitas tener una reunión antes de la reunión.

Deben preguntarse mutuamente: "¿Cómo queremos que se vea nuestro mundo después de la reunión? ¿Cómo moldeamos las conversaciones? ¿Cuáles son los puntos que necesitamos compartir para lograrlo?" Entren a esas reuniones listos para guiarlas y darles forma de manera que respalde a su equipo.

También quieren usar ese tiempo para identificar sus incertidumbres identificadas. Quizás su equipo pueda educarlos al respecto. Comparto una cita con mi equipo: "Si estoy entrando en una tormenta de excremento, necesito por lo menos saber de qué dirección sopla el viento". Necesitas conocer el entorno en el que estás entrando cuando llegues a la próxima reunión.

87. "Empodera a tu equipo para pegarle a la piñata".

Siendo hispano, he estado en varias fiestas con piñatas. La persona que intenta pegarle a la piñata lleva los ojos vendados, por lo que todos los demás tratan de gritarle en qué dirección debe golpear la piñata con el palo o la escoba. ¿Qué pasaría si la persona no llevase los ojos vendados? Nadie tendría que estar gritando en qué dirección deben golpear. Solo tendrían que decirle que golpeen la piñata. Pueden tomar decisiones sobre cómo golpear por sí mismo(a)s y pegarle a la piñata.

Hay líderes a los que les encanta que sus equipos lleven los ojos vendados para que ellos puedan seguir dando órdenes y dirigiendo al equipo en todo lo que hacen. Quieren decirte cómo golpear y dirigir cada movimiento que haces. Los líderes deben quitarles la venda a sus equipos; ayudar a su equipo a ver lo que ellos como líderes pueden ver.

Además, nunca te canses de compartir tu visión con tus tropas. Cuanto más puedan verla, más fácil les resultará reconocer oportunidades y tomar decisiones para alcanzar la visión, aun cuando tú no estás ahí.

Crea un entorno en el trabajo en el que tus tropas tengan plena visibilidad de tu espacio de batalla en el que estás operando y tus recursos. Una vez que les compartas tu visión y tu intención, podrán sintetizar lo que está sucediendo para tomar decisiones y llevar a cabo la misión.

88. "Si no estás viendo datos, no estás administrando. Si ves datos incorrectos, sigues sin estar administrando".

Esta es una de las lecciones que aprendí de un profesor de la Universidad de Adquisiciones de Defensa. Si deseas administrar cualquier cosa, necesitas ver información que sea accionable y que te ayude a tomar decisiones. Con la información que te ofrecen, pregúntate a ti mismo(a) qué decisiones puedes tomar con esos datos.

Si tienes datos incorrectos, es como estar en la ciudad de San José y tratar de llegar a un lugar en esa ciudad mientras usas un mapa de Buenos Aires para llegar allí. Es posible que no llegues con ese mapa.

89. "El ojo del dueño engorda el ganado".

Este dicho enfatiza la idea de que cuando el dueño está presente y supervisa activamente el cuidado y el bienestar de su ganado, los animales tienden a prosperar. Es una gestión práctica y una participación directa. No se trata de micro manejar, sino de estar comprometido para atender las necesidades de tu equipo. No puedes gestionar y supervisar estando distante.

He escuchado a jóvenes profesionales decir que desearían tener el puesto principal para poder relajarse y no hacer mucho trabajo. Esa no es exactamente la forma en que funciona. Los puestos de liderazgo principal te mantienen ocupado porque, para que tu equipo tenga éxito, debes mantenerte comprometido y estar atento.

90. "Después de avanzar de rango, en algún momento, prepárate para cambiar de ser capitán del equipo a ser entrenador".

Si tienes ambiciones de avanzar de rango, llegará un momento en el que debas cambiar tu nivel de participación y actividad, ya que ya no será con el equipo. Tu tiempo como capitán del equipo habrá terminado. Ahora estás en la línea de banda como entrenador. Si te involucras en el campo, reducirás el impacto que tendrá tu equipo. Debes ayudarlos a tener éxito mientras miras todo el panorama.

Este es quizás el cambio más difícil al que se enfrentan los líderes en su crecimiento profesional. Algunos nunca hacen el cambio y no pueden manejar la carga de trabajo a un nivel superior porque aún quieren estar involucrados en todo en el campo a nivel táctico.

Debes ser capaz de delegar. Si no puedes, debes tener conversaciones serias con tus subordinados sobre por qué no puedes confiar en ellos y qué necesitas de ellos. Si deseas soltar gradualmente y delegar, utiliza los tres elementos que mencioné anteriormente: Herramientas, Reglas y Ritmo de Batalla.

Herramientas: Dile a tu equipo qué herramientas necesitas que usen para informar su estado. Puede ser PowerPoint, Word, Confluence, Sharepoint, Jira, etc.

Reglas: Dales las Reglas de Combate... muéstrales dónde están los límites y qué respuestas deben dar en ciertas circunstancias. Por ejemplo, "Si hay un gasto superior a X cantidad de dólares, me deben informar".

Ritmo de Batalla: Proporciona orientación sobre la frecuencia con la que deseas que te actualicen.

En el ámbito militar, esta transición de capitán del equipo a entrenador debe ocurrir cuando un oficial avanza del rango de capitán (O-3) al rango de mayor (O-4). Dependiendo de las responsabilidades dadas a un oficial, esto podría suceder antes, pero generalmente es la primera gran transición. ¡Prepárate! A medida que avanzas de rango, deberás delegar mientras te centras más en cuestiones estratégicas, asignando recursos al equipo, identificando soluciones interdepartamentales, preparando a tu equipo para los próximos 3-5 años (quizás incluso 5-10 años), etc.

Delegar puede ser difícil para algunos, pero no puedes dirigir una unidad diciéndole a todos qué hacer. Debes equipar y empoderar a tu equipo para que tomen decisiones por sí mismo(a)s. Como dice el General Hugh Shelton en su libro "Sin dudar": "Pero cuando el ego de un hombre dice 'No necesito la ayuda de nadie', es un buen momento para empezar a buscar un nuevo líder".

91. "A nadie le gusta estar 'en rojo' en público".

Para que las personas ejecuten tareas, necesitas tres cosas: una tarea, una fecha de vencimiento y alguien designado como responsable de su finalización. Si tienes personas que te ponen a prueba y pasan por alto las tareas que tú les das, haz que todas las tareas sean públicas. Debes publicarlas en las gráficas de tus reuniones semanales de equipo.

Si se pasan de la fecha de vencimiento, entonces pasan a estar "en rojo" y asegúrate de que esté marcado como "en rojo". A medida que revises la gráfica en tu reunión, si ves algo en rojo, pregunta al respecto. Proporciona retroalimentación (por ejemplo, "Esto no es satisfactorio", "Esto no es aceptable", "¿Alguien más puede ayudar?", "¿Que está haciendo para cumplir?", "Entiendo la situación, pero necesitamos hacer algo", etc.).

A nadie le gusta estar "en rojo" en público. Ojalá alguien me hubiera enseñado esto cuando era un joven oficial lidiando con un miembro del equipo que nunca hacía ningún trabajo. Una vez que creas una forma para que estos empleados muestren que están "en rojo" en público, es probable que comiencen a trabajar para completar sus tareas o busquen otro lugar para trabajar. De cualquier manera, tú ganarás. En el gobierno, esto te ayuda a documentar la efectividad de las personas para despedir a aquellos que no están trabajando. Si necesitas despedirlos, esto te ayuda a comenzar a construir un registro semanal de su incapacidad para completar sus tareas. Además, estará en un foro donde varias personas serán testigos.

Como mencioné antes, es común en organizaciones gubernamentales que haya una o varias personas que nunca hacen su trabajo pero que no son despedidas. Como líder en el gobierno, a veces trasladé a personas excepcionales a otra organización porque sabía que allí estarían más contentas. En una ocasión, le cedí a uno de los mejores gerentes de programa que tenía en mi equipo. El individuo no estaba contento con su situación. Quería un trabajo con más responsabilidad. Se lo di a uno de los jefes de sección que era compañero mío porque sabía que su carga de trabajo estaba creciendo y eso le ofrecería a nuestro compañero una mayor oportunidad. Después de un par de meses, mi amigo me contó el gran impacto que el individuo había tenido. Sin embargo, con las personas que simplemente no trabajan, no puedo ceder mis problemas a alguien más. A veces, otros líderes han estado dispuestos a aceptarlos, y hacemos un intercambio en el que ambos sabemos lo que estamos obteniendo. Después les he preguntado cómo les ha ido y la persona que transfirieron de mi equipo no ha cambiado. Su nuevo jefe está lidiando con eso.

El problema en el gobierno es que a estas personas se les ha permitido quedarse durante muchos años y son completamente disfuncionales. Nadie tuvo la determinación de despedirlos temprano. Nada los sacará de su disfunción. Tienen lo opuesto al Toque de Midas; todo lo que tocan se convierte en un desastre. Cuando he tenido que emplearlos en algo, utilizo mi tabla que se muestra a continuación. La hago pública para que todos vean sus excusas semanales y su estado "en rojo". No pasa mucho tiempo antes de que aquellos que son disfuncionales y han fallado en completar su trabajo durante varias semanas comiencen a buscar trabajos en otros lugares. A muy pocas personas les gusta destacarse negativamente, como una torta de excremento sobre en un pastel. Prefieren irse. Algunos "se jubilarán" y buscarán trabajo en otro lugar. Esto libera un puesto para que contrates a alguien que sea eficaz. Funciona muy bien si puedes ascender a otra persona en el puesto que dejan atrás.

De todos modos, puedes usar la tabla a continuación para mostrar el estado semanal. Algo que puedes incluir es orientación para que tus compañeros de equipo escriban una línea o dos en el estado de la tarea si está en amarillo (en riesgo de retraso) o rojo (retrasada), explicando qué están haciendo para volver a estar en verde (a tiempo) o para completarla. Si el estado es verde, pueden dejarlo en blanco o proporcionar una línea breve para su estado si eso es lo que prefieres. Si una tarea se vuelve roja, mantenla roja. En algún momento, tú y tu compañero pueden dialogar si debieran mantenerla roja o restablecer la línea de tiempo con una nueva fecha de vencimiento. Hay casos en los que puede tener sentido volver a establecerla con un nuevo comienzo y fecha de vencimiento, especialmente con personas que están plenamente comprometidas con la ejecución de la misión. De lo contrario, ni siquiera consideraría la idea.

Tarea	Líder	Comienzo	Fin	Estatus	Comentarios
Completar Reporte de Acciones	Juan	3-Nov	20-Jan	Amarillo	Programar tiempo para enfocar trabajo por una semana.
Finalizar Plan de Administración de Riesgo	Sara	22-Sep	13-Oct	Rojo	Pedir compañeros que compartan sus propuestas (9-Oct). Repasar propuestas (10-Oct).
Finalizar Presupuesto para 2024	Jenifer	1-Sep	31-Oct	Verde	

Siempre que revisaba esta tabla en mis diapositivas de reuniones de personal, intentaba incluir un meme o video divertido en la diapositiva anterior. De esa manera, podíamos reír y divertirnos antes de entrar en conversaciones serias sobre nuestras tareas de alta prioridad y sus estados de Verde, Amarillo y Rojo. Aprendí esta táctica de un jefe con el que trabajé durante mi primer año en el rango de mayor (O-4).

92. "Ten un artefacto".

En los años recientes, muchos han dejado de lado PowerPoint u otros tipos de documentación. Prefieren simplemente hablar y dicen que, si hablan regularmente, ayuda a que todos se mantengan enfocados hasta que se ejecute el proyecto. No es cierto. ¡Tener una representación visual es importante! Estas conversaciones regulares se convierten en lo que un antiguo sargento solía llamar una "CYCSADUM", lo que significa "Chicos y Chicas Sentados Alrededor de una Mesa". Una reunión CYCSADUM no concluye con un plan y no hay una representación visual de su línea de tiempo o espacio de operaciones. Un equipo necesita un artefacto que puedan mirar y saber qué viene a continuación. Si no le gusta PowerPoint, está bien. Use algo diferente, pero tenga una representación visual a la que su equipo pueda recurrir. Su equipo necesita poder ver su espacio de operaciones en varias dimensiones: espacio, tiempo, equipos, acciones, prioridades, etc.

Nunca subestime lo poderoso que puede ser un elemento visual. Dos de mis experiencias me mostraron cuánto puede facilitar sus esfuerzos para hacer crecer un equipo y crear consenso en decisiones difíciles. En mi primera experiencia, vi a uno de mis jefes de proyecto y a uno de mis ingenieros discutiendo su plan para entregar algunos cables a una instalación que necesitábamos equipar con nueva tecnología y cómo íbamos a establecer la conectividad de diferentes sistemas. Los escuché y ambos estaban diciendo cosas diferentes, pero pensando que el otro estaba de acuerdo con todo lo que decían. Los dejé hablar durante unos 20 minutos, al menos.

Una vez que estaban a punto de terminar, les pregunté si estaban bien. Dijeron que sí. Luego le pedí a uno de ellos: "Por favor, dibuja en el pizarrón blanco cómo es tu plan y tu cronograma". Esto se llama a menudo un Ensayo de Conceptos (EDC) (En inglés, "ROC Drill", Rehearsal of Concepts Drill, pronunciado "Rock" Drill). El ingeniero comenzó a dibujar su línea de tiempo y los puntos de control importantes que estaba siguiendo. Por ejemplo, representó las horas y lugares de las reuniones con el contratista que estaba apoyando al equipo, las acciones que estaba tomando para mitigar los riesgos, las horas de apoyo en las que nuestro equipo de Logística iba a participar y los hitos clave de entrega con sus respectivas ubicaciones. Mientras dibujaba en el pizarrón blanco, el jefe de proyecto que había estado de acuerdo con él todo el tiempo saltó y dijo: "¡Eso no es lo que estaba diciendo! ¡No puedo respaldar eso!"

En otra ocasión, mi jefa de ingeniería estaba hablando con uno de nuestros representantes de las unidades que apoyábamos. Ambos estaban discutiendo en contra del punto del otro, pero en realidad decían lo mismo. Esto se llama un "Acuerdo Violento". Estaban, sin exagerar, en un "Acuerdo Violento". Mientras veía cómo los dos se frustraban un poco tratando de explicar su posición, le pedí a uno de ellos que dibujara su plan en el pizarrón blanco. Solo pasaron unos segundos cuando el otro gritó: "¡Eso es exactamente lo que yo estoy diciendo!"

Nunca subestimes el poder de transmitir un mensaje con una representación visual. Le pedí a cada uno de mis jefes de proyecto un informe con las siguientes diapositivas para asegurarme de que tuviéramos una representación visual y que todos estuviéramos en la misma página.

Diapositiva 1: Una narrativa del requisito original.

Diapositiva 2: Una representación visual del requisito.

Diapositiva 3: Una representación visual de la solución.

Diapositiva 4: El cronograma que muestra cuánto tiempo llevará la entrega y los hitos clave.

Diapositiva 5: La tabla con los requisitos y el dinero que necesitaban, y las fechas en las que se debía

disponer del dinero.

Diapositiva 6: Todos los detalles claves del contrato.

Diapositiva 7: Riesgos.

Diapositiva 8: Desafíos en los que necesitaban mi ayuda o la de nuestros líderes superiores.

Los jefes de proyectos se resistieron porque no veían su utilidad. Sin embargo, uno de ellos regresó para decirme que a un subcomandante de las unidades que apoyábamos le encantó, ya que les daba visibilidad y contexto, sobre todo. Se disculpó por haberse opuesto a esto y por haberme dado un poco de trabajo extra.

Utilice el reverso de una servilleta si es necesario, adapte a sus necesidades, pero nunca olvide utilizar un elemento visual y un artefacto para ayudar a su causa. Esto también crea una visión unificada para cada persona en el equipo. Todos ven lo mismo en el "radar".

93. "No envíes más de dos correos electrónicos sobre el mismo asunto".

Teniendo en cuenta que tus correos electrónicos deben ser concisos, cuando envíes un mensaje y tu interlocutor responda con un mensaje al que deseas responder, deja que ese sea tu último mensaje por correo electrónico. Si tu interlocutor responde después de eso, levanta el teléfono y habla sobre el problema o reúnete en persona. No sigas discutiendo por correo electrónico.

94. "Raramente he visto una organización con altos estándares y baja moral".

Un amigo mío escuchó esto de un oficial general. Las personas se enorgullecen de hacer bien su trabajo. Mejora la moral. Si elevas el nivel de cómo el equipo realiza el trabajo mientras están en una mala racha, ayudará a la moral del equipo. Debes hacerlo con mucho tacto.

95. "Aprende las reglas antes de romperlas".

Las reglas se establecen para prevenir ciertos problemas. Habrá momentos en los que tu equipo se enfrentará a circunstancias que nadie había concebido, incluso las personas que escribieron el libro de reglas. Al intentar resolver el problema, es posible que te querrás detener con el libro de reglas. ¡No lo hagas!

Si conoces las reglas y las comprendes, puedes trabajar en un problema aplicando las reglas.

A veces, es posible que debas desechar las reglas, pero asegurándose de prevenir los problemas que las reglas estaban destinadas a evitar y seguir proporcionando una solución a tu equipo.

96. "Si un equipo está trabajando en una prioridad tan alta para el jefe, el jefe debe protegerlo de los otros locos que dirigen el manicomio".

Si el jefe no protege al equipo y no le proporciona los recursos (personal y dinero) que necesita, otros líderes de diferentes equipos intentarán tomar decisiones que afecten al personal y al presupuesto del equipo. Todos quieren su parte del pastel, especialmente si eso les da reconocimiento.

97. "Apréndelo de otras industrias".

Aunque no todo se traducirá y aplicará directamente a tu industria, hay prácticas y herramientas excelentes de otras industrias que se pueden utilizar en la tuya.

Alan Mullaly, Ajay Banga, Jeff Immelt, Jack Welch, Patrick Lencioni, John C. Maxwell y muchos otros líderes del sector privado me enseñaron algunas lecciones valiosas. Alan Mullaly salvó a Ford y comparte principios de liderazgo que pueden aplicarse en cualquier lugar.

a) Las personas primero... Muéstrales aprecio.

b) Todos están incluidos.

c) Una visión convincente, una estrategia integral y una implementación implacable.

d) Objetivos de rendimiento claros.

e) Un plan único.

f) Hechos y datos.

g) Todos conocen el plan, el estado y las áreas que requerirán su atención específica.

h) Respeto, escucha, ayuda mutua y aprecio.

i) Resiliencia emocional, confiar en el proceso.

j) Diviértete, disfruta del viaje y de los demás.

Ofrecen un marco fenomenal que se puede aplicar en cualquier lugar. Mullaly también comparte un gráfico que refleja estados Verde, Amarillo y Rojo. Es otra herramienta y lección que se puede aplicar a cualquier proyecto en múltiples industrias.

Siempre vale la pena mirar otras industrias para ver si algo se aplica a la tuya.

98. "Demasiados cocineros en la cocina".

Como subteniente (O-1) recién graduado, mi jefe me asignó un proyecto no relacionado con la misión. Debía trasladar un avión desde una base de la Fuerza Aérea a 64 kilómetros de distancia hasta el museo que teníamos en la instalación donde trabajábamos. Tener que llenar mi horario con trabajos no relacionados con la misión siempre me frustraba, porque sentía que alguien me decía: "No necesitamos tus habilidades para el trabajo real". De todos modos, lo superé. En la milicia, como oficial joven, debes demostrar que puedes hacer que las cosas sucedan con cualquier tarea que te asignen. De lo contrario, mi jefe comenzaría a ignorarte y eso no te ayudaría en tu carrera.

La tarea consistía en llevar el avión al museo a tiempo para celebrar el aniversario de la Fuerza Aérea. Mi jefe tenía varias ideas sobre cómo llevar el avión desde la base al museo. Algunos de mis compañeros tenían sus ideas. Los ingenieros también tenían sus opiniones. La idea favorita de mi jefe era conseguir

dos helicópteros para transportarlo y colocarlo en una plataforma en el museo. Llamé a varias unidades que tenían helicópteros, pero se rieron. Luego me puse en contacto con el equipo de rescate en la base para pedir ayuda. Les gustó el desafío.

La primera idea que consideramos fue remolcar el avión por algunas carreteras secundarias y cruzar la autopista para llegar a la base del Ejército donde estaba el museo. El problema era que necesitábamos neumáticos nuevos, ya que no podríamos mover el avión con sus viejas ruedas. No era nuestra idea favorita, pero queríamos ver si era factible.

Dado que mi jefe había dicho: "Si necesitas algo, házmelo saber y haré algunas llamadas para conseguir la ayuda que necesitas", fui a él y le dije que necesitábamos neumáticos. Él volvió y dijo: "No puedo conseguirte neumáticos nuevos. Piensa en otra idea y si necesitas algo, házmelo saber para que pueda hacer algunas llamadas y conseguirte la ayuda que necesitas". La siguiente idea fue transportarlo en camión. Podíamos colocar el avión en un camión y conducir por las carreteras secundarias para llevarlo al museo. Necesitábamos una grúa para levantarlo y colocarlo en la plataforma del camión. Fui a mi jefe y le pregunté si podía hablar con los ingenieros. Tenían grúas. Él volvió y dijo: "No puedo conseguir una grúa. Piensa en otra idea y si necesitas algo, házmelo saber para que pueda hacer algunas llamadas y conseguirte la ayuda que necesitas".

El equipo y yo nos reunimos en una oficina que tenían ellos. Esta vez, había muchas más personas en la sala de conferencias que en nuestras conversaciones anteriores. Había un montón de otros funcionarios veteranos de la Fuerza Aérea. Tenían experiencia. Querían saber cuál era el estado del proyecto, las ideas que habíamos considerado y no puedo recordar qué más. Hablamos sobre el problema. Todos tenían un comentario. Comenzó a ponerse desorganizado y ruidoso, con todos tratando de expresar sus ideas. Terminé la reunión y les pedí al equipo que se reuniera en el lugar donde estaba el avión. Ninguno de los otros funcionarios en esa reunión parecía tener una solución factible. Ninguno de ellos formaba parte del equipo principal. Quería llevar al equipo a donde pudieran ver el problema y pensar libremente sin que uno de sus jefes pontificara sobre ellos.

Nos reunimos en el lugar. Algunos de nosotros seguimos de pie. Algunos se sentaron en el asfalto bajo el avión para estar en la sombra. Comenzamos a pensar en ideas nuevamente. ¿Cómo podríamos colocar el avión en el camión sin una grúa? Uno de los miembros más jóvenes del equipo comenzó a compartir su idea con otro compañero. Después de un minuto, parecía que al otro chico realmente le gustaba su idea. Les pedimos que compartieran. La idea era meterles aire a los soportes del avión. Luego, nuestro sargento de logística conduciría la plataforma del camión, retrocediendo, por el medio de ambos trenes de aterrizaje. Una vez que el avión estuviera sobre la plataforma del camión, le sacarían el aire a los soportes y el avión se bajaría a descansar en la plataforma del camión. Dialogamos sobre esta idea y todos estuvieron de acuerdo en que era posible. ¡Funcionó!

El día en que íbamos a hacerlo, uno de mis compañeros, otro teniente, me dijo que nuestro jefe estaría en una de las oficinas de la base por donde debíamos pasar en nuestro camino a las carreteras secundarias, atrás de los montes junto a la carretera principal y que quería vernos antes de irnos. En general, era una buena persona, pero no había sido de ninguna ayuda. No quería que este esfuerzo se detuviera. De todos modos, era un avión antiguo que nadie quería. Si se quebraba en el camino, se quebraba. A nadie se le iba a arruinar un cumpleaños por esto. Mientras pasábamos por las oficinas donde estaba mi jefe, varias personas comenzaron a salir para ver este enorme avión siendo transportado fuera de la base. Todavía no era una multitud, pero me puse nervioso de que mi jefe saliera a detenernos. Yo iba manejando un vehículo del gobierno, siguiendo al camión con el avión. Llamé al tipo que conducía el camión y le dije: "Acelera". Continuamos nuestro viaje.

Una vez que llegamos al museo, pudimos obtener ayuda de los ingenieros de la base con sus grúas para sacar el avión del camión y colocarlo en el parque frente al museo junto a misiles antiguos y otras naves más pequeñas. Si alguna vez vas al "White Sands Missile Range" y ves un F-4 Phantom en el parque de misiles del museo, ese es mi avión. Celebramos el Cumpleaños de la Fuerza Aérea ese año y estaba muy contento de haber terminado con ese proyecto. Sin embargo, la lección quedó grabada: todos tienen una idea, pero tener demasiados cocineros en la cocina es un problema real. Ayuda al equipo a alejarse de todos los que tienen una idea pero que no tienen parte de la ejecución real. Brinda al equipo un lugar para pensar, cerca del problema donde puedan pensar con claridad. Deshazte de aquellos a quienes les encanta pontificar. Finalmente, no te sorprendas si tus miembros más jóvenes son quienes tienen la mejor idea. Reconócelos.

99. "Aprende cómo liderar y gestionar el cambio en tu organización".

El cambio es difícil porque las personas sobreestiman el valor de lo que tienen y subestiman el valor de lo que pueden ganar al renunciar a ello". (James Belasco y Ralph Stayer)

Hablemos del cambio. A todos les desagrada. Liderar el cambio en tu organización es doloroso. Si se te encarga liderar un proyecto que trae un cambio significativo a tu organización, es posible que desees perfeccionar tus habilidades en negociación, gestión del cambio, persuasión y comunicación. Te recomendaría leer material sobre estos temas. John P. Kotter es un experto en gestión del cambio. Puedes encontrar algunos de sus trabajos en internet en el sitio de la Harvard Business Review.

Tomé un curso en línea sobre Gestión del Cambio en la Defense Acquisition University que incluía material de la Harvard Business School. Quedé impresionado con las hojas de trabajo y la información que proporcionaron. A medida que leas el material a continuación, verás que es muy básico. Incluso podrías decir: "Esto es estúpido", pero te sorprendería la cantidad de cambios organizacionales y reorganizaciones por las que he pasado, y nunca hubo un líder que pasara por estos pasos para hacer la transición más digerible para nuestro personal. Ojalá alguien hubiera revisado estas preguntas al implementar cambios en las organizaciones en las que he estado. Por muy básicas y sencillas que sean, muy pocos se toman el tiempo para revisar esto. Puedes recopilar esta información y utilizarla en una presentación que puedas compartir con tu equipo.

Uno de los primeros desafíos que enfrentará el gerente al liderar un cambio es comunicar el cambio. El curso enumeraba varios pasos y preguntas que debías responder para prepararte para comunicar el cambio a tu organización. Aquí están.

Parte 1. Recopila información sobre la iniciativa de cambio
¿Cuál es el programa de cambio y cuáles son sus objetivos?
¿Por qué se está llevando a cabo el programa de cambio?
¿Cuál es el alcance del programa de cambio?
¿Qué obstáculos se interponen en el camino de la implementación del programa de cambio?
¿Cuáles son los criterios de éxito y cómo se medirá el éxito?
¿Cómo se recompensará a las personas por el éxito?

Parte 2. Identifica a las partes interesadas clave y como/que les comunicaras.		
Partes interesadas:	¿Cómo te Comunicaras?	Información que compartirás (Beneficios y Desventajas)

Uno de los elementos que encontré particularmente útiles fue una hoja de trabajo para abordar la resistencia al cambio.

Utiliza esta herramienta para registrar las razones por las cuales las personas se resisten al cambio y determinar los próximos pasos para abordar esta resistencia		
¿Qué comentarios has escuchado o comportamientos que indican que las personas se resisten al programa de cambio?	¿Cuáles crees que son las motivaciones subyacentes de estas reacciones?	
No creo que nuestro grupo deba fusionarse con otro grupo.	Las personas prefieren el status quo o sienten que el cambio significa una pérdida personal en términos de seguridad, dinero, estatus o amistades. Además, el Equipo Delta ha tenido algunas experiencias negativas con el Equipo Alfa en el pasado.	
Pasos para abordar la resistencia	Si	No
¿Has hablado uno a uno con las personas que se resisten al cambio para comprender mejor sus reacciones?		
¿Los animaste a expresar sus pensamientos y sentimientos abiertamente?		
¿Exploraste sus preocupaciones haciendo preguntas aclaratorias?		
¿Escuchaste cuidadosamente sus respuestas y tomaste en serio sus comentarios?		
¿Has comunicado los beneficios del cambio en términos de lo que podría ser valioso para ellos?		
¿Has incorporado sus sugerencias en el plan para mejorarlo?		
¿Has explorado formas de involucrar a estas personas en los procesos de planificación e implementación para que se sientan más comprometidas con el programa de cambio?		
¿Has considerado las formas en que podrías estar contribuyendo a sus sentimientos de resistencia?		
Si respondes "No" a alguna de las preguntas anteriores, es posible que desees reconsiderar cómo estás abordando la resistencia al programa de cambio.		

Otra herramienta que ofrecieron fue una tabla que te ayudaría como gerente a superar obstáculos al cambio.

Era una hoja de trabajo con una tabla como la que se muestra a continuación. He completado los bloques en blanco solo para ofrecer un ejemplo de cómo podrías completar esto.

Obstáculo para el Progreso del Equipo	Opciones para Superar el Obstáculo	Clasificar las Opciones (1=Más prometedora; 5=Menos prometedora)	Aliados, Recursos, Capacitación Especial
Resistencia de empleados que tienen dudas para adaptar a un nuevo software	Entrenamiento	1	Aliados: Recursos humanos, Entrenamiento Recursos: Presupuesto para entrenamiento
Apoyo no adecuado	Establecer un sistema de apoyo	2	Aliados: Personal designado para apoyo Recursos: Oficina de apoyo técnico, Sistema de pedidos
Brechas de comunicación	Crear un Plan de Comunicación	3	Aliados: Especialista de comunicación interna Recursos: Por determinar

100. "Realiza una reunión de retroalimentación después de un evento u operación".

Cuando tú y/o tu equipo hayan llevado a cabo una operación o hayan participado en un evento importante, realiza una "Reunión de Retroalimentación" o un 'Informe de Acción Posterior' (AAP) para comprender lo que ocurrió, por qué fue importante, lo que el equipo hizo bien y en qué puede mejorar el equipo la próxima vez.

Hay plantillas de AAR disponibles en internet. Mi recomendación es hacer una reunión de retroalimentación. Para la Fuerza Aérea, esto es una reunión de revisión posterior a la misión que le llamamos "Hot Wash". Es una conversación estructurada y organizada que se lleva a cabo inmediatamente después de una operación o de cualquier evento importante. El término "Hot Wash" proviene del concepto de que la revisión tiene lugar mientras el evento todavía está fresco en la mente de todos, o mientras las cosas están 'calientes'.

Sigue estos pasos.

a) Describe lo que sucedió, en secuencia.

b) Dibuja tu línea de tiempo en la pizarra.

c) Explica 'Por qué fue importante' (¿Qué importa?)

d) Identifica lo que se hizo bien. (Bien Hecho)

e) Determina en qué se podría haber mejorado.

El mayor error que he visto en las reuniones de retroalimentación de los equipos es cuando alguien menciona el nombre de otra persona de manera negativa. Por ejemplo, uno de los temas que un miembro desea discutir podría ser el horario de viaje de un viaje, "Roberto programó nuestro viaje un domingo y ni siquiera pensó en nuestras familias durante ese día. Prefirió un viaje de negocios no esencial para la misión en un día familiar en lugar de permitirnos pasar ese tiempo con nuestras familias. Debería haber dejado el viaje para la semana laboral". En su lugar, habla de los hechos sin mencionar los nombres. Aquí tienes un mejor ejemplo en la tabla a continuación.

Tiempo	¿Qué sucedió?	¿Qué importa?	Bien Hecho	Debería Mejorar
T − 6 días	Estuvimos programados para viajar en Domingo	Tomó tiempo importante que pudimos pasar con nuestra familia. Contradice la dirección de líderes de que cuidemos de nuestra familia.		Coordinar eventos para que no nos toque viajar durante el tiempo que debemos estar con la familia. Nuestra planeación debe reflejar nuestras prioridades.
T − 0 días	Miembros del equipo viajaron al evento a través de diferentes vuelos	Unos miembros tuvieron vuelos que se retrasaron y no pudieron llegar a tiempo		Programar a todos que salgan en vuelos en la mañana.
T+1 días	Varios miembros no vieron el itinerario antes de ir a la conferencia.	Unos miembros no estaban sabidos de que tenían que estar en varias clases durante la semana		El itinerario debió ser posteado en un lugar central donde todos lo podrían ver.
T+2 días	Líderes de mayor rango lograron dialogar con sus homólogos mientras sus subordinados estaban en la misma sala de reunión.	Pudimos ver como el plan de otros equipos se desarrollará en los próximos meses.	Líderes de mayor rango se reunieron con sus homólogos mientras sus subordinados estaban en el mismo salón.	

No incluyas nombres personales. Habla de los hechos. Los comentarios que proporcionamos aquí ya señalan a alguien. Si son parte de la conversación, deberían ayudar a enumerar todo lo que ocurrió y estar listos para asumir la parte de la operación que podrían haber hecho mejor. No es necesario señalar a alguien específicamente.

No incluir nombres minimiza las reacciones defensivas. Cuando las personas sienten que están siendo atacadas o culpadas por algo, tienden a ser menos propensas a compartir sus experiencias o percepciones de lo que ocurrió. Mantener los nombres de personas fuera de la conversación también facilita mantener un ambiente positivo sin culpas. Esto fomenta la colaboración y la retroalimentación constructiva. Esto puede resultar en una resolución de problemas mucho más efectiva y una relación laboral más sólida para trabajar juntos hacia metas compartidas. Trata los casos en los que SE REQUIERE responsabilidad individual donde tengas que disciplinar a alguien por separado, no en la reunión de retroalimentación (Hot Wash).

101. "Aquel que te diga que hay una solución única para todo, no tiene ni idea de lo que está haciendo".

No hay panacea que solucione todo.

Hace 20 o 30 años, las metodologías que la gente consideraba como panaceas eran el TQM, Lean, TOC y algunas otras. En años recientes, ha sido el método "Ágil" (Agile). Ha habido personas que te dirán que el Ágil sirve para todo.

Cualquier persona que te diga que hay una solución única para todo no sabe realmente lo que está haciendo. Estas personas espectacularmente incompetentes personifican el dicho 'Si todo lo que tienes es un martillo, todo parece un clavo'. Piensan que el martillo (o la herramienta con la que se han obsesionado) es la solución para todo.

En años recientes, ha sido el "Ágil" (Agile). Según lo he visto aplicado en las unidades en las que he estado, el Ágil es miope. Cuando todo se vuelve miope en lugar de crear un enfoque de gestión personalizado para tu equipo que también incluya una perspectiva estratégica, el programa será tan ágil como un avión grande de una aerolínea haciendo un tonel. Será ágil, una sola vez. Uno de mis compañeros vino a mí a mitad de año pidiendo una gran suma de dinero para una Actualización Técnica en nuestro equipo. No lo había presupuestado porque las Actualizaciones Técnicas se planean con tres años de anticipación y habían implementado Ágil de manera que solo miraba de 3 a 6 meses hacia el futuro.

Estoy seguro de que más de un practicante de Ágil que lea esto estará diciendo: "Debería haber estado en el backlog y se debería haber identificado como un requisito en el momento adecuado". Deja de intentar forzar que todo quepa en Ágil. En su lugar, haz que el Ágil se adapte a las necesidades de tu organización.

Me he encontrado con varios líderes que le dicen a su organización que uno de sus objetivos estratégicos es que la organización "sea Ágil". Para ellos, el Ágil se convierte en un fin y no en un medio por el cual podríamos ejecutar nuestra misión. Mientras escuchaba a todos en la reunión, estaban tan enfocados en parecer Ágiles que nadie realmente hablaba de las capacidades que debían entregarse a nuestro "cliente", en nuestro caso, el combatiente. He estado en varias organizaciones que afirman ser "Ágiles" y sufren los mismos problemas.

El caso del Ágil es un ejemplo perfecto de cómo las personas llegan a creer que hay una solución única que sirve para todo, especialmente aquellos que no son gerentes experimentados. Algunos de ellos pueden ser líderes de alto rango. No se dan cuenta de que los objetivos estratégicos deben estar más relacionados con el propósito central o la misión de la organización en lugar de enfocarse en metodologías específicas. Al establecer objetivos estratégicos, es importante considerar los objetivos y resultados más amplios que la organización necesita lograr. Estos objetivos deben estar alineados con el propósito y la misión de la organización. Usando un ejemplo de la industria, los objetivos pueden enmarcarse en torno a aumentar la cuota de mercado, expandirse a nuevos mercados, mejorar la satisfacción del cliente, mejorar la calidad del producto, aumentar los ahorros o aumentar la rentabilidad. El Ágil puede ser un factor que permite a las organizaciones lograr esos objetivos al responder rápidamente al entorno y a las necesidades emergentes de los clientes. Las herramientas y metodologías deben considerarse habilitadores estratégicos, no el objetivo final y ciertamente no el ingrediente que soluciona todo.

Para que conste, no estoy en contra del Ágil. De hecho, impulsé la introducción y la implementación del Ágil en uno de mis proyectos como capitán (O-3) antes de que el "Ágil" se convirtiera en una palabra de moda en la Fuerza Aérea. Simplemente estoy en contra de cómo muchas personas aplican el Ágil. Al final del día, lo que realmente necesitas es flexibilidad. Crea la flexibilidad que necesitas en tus procesos, y ni siquiera necesitas llamarlo "Ágil".

El problema con las personas que han bebido todo el Kool-Aid del Ágil y hasta se han bañado en él es que no creen en soluciones personalizadas y diseñadas. Piensan que todo debe ser "Ágil" tal y como es descrito en algún libro. Este es el ejemplo más reciente de una panacea en la que las personas llegan a creer como la solución para todo. De todas formas, estos son algunos de los problemas con los que el equipo probablemente se encontrará si lo ven como una solución 'única para todo'.

a) Falta de enfoque en el cliente: He visto con mis propios ojos que las organizaciones priorizan el Ágil por sí mismo en lugar de usarlo como una herramienta para mejorar la orientación al cliente y la capacidad de responder al cliente. Una organización en la que estuve tenía un objetivo estratégico de 'Ser Ágil' cuando eso es un medio para un fin. Este objetivo fue establecido por un líder de alto rango. He sido testigo de cómo los líderes pierden el enfoque. Llevan a la organización a centrarse demasiado en las ceremonias y procesos del Ágil, perdiendo de vista el objetivo principal, que es entregar valor al cliente.

b) Falta de alineación: El Ágil no se alinea automáticamente con los objetivos estratégicos verdaderamente necesarios de la organización, lo que lleva a la confusión y a una seria asignación errónea de recursos. He visto cómo los líderes asignan personal a los equipos con el propósito de ser 'Ágiles' incluso cuando ese equipo no está tan ocupado como otros equipos. También he visto a líderes crear organizaciones con estructuras matriciales con el propósito de ser "ágiles" y sobrecargar a todos los equipos bajo su mando porque hay alguien a quien pueden etiquetar como líder para cada proyecto. Eso no significa que tengan los recursos adecuados para llevarlo a cabo.

c) Mentalidad de Lista de Verificación: Los equipos pueden tratar las prácticas Ágiles como una lista de verificación que deben completar en lugar de adoptar la mentalidad Ágil de mejora continua y adaptación.

Usé el Ágil para esta lección solo como ejemplo de cómo las personas pueden enfocarse demasiado en una sola cosa y creer que es la solución para todo. Podrías encontrar una serie de otros ejemplos.

102. "Saber cuándo debes dejar que las cosas fallen".

Hay momentos en los que todos están "bebiendo el Kool-Aid" y no escucharán tu punto de vista. Siempre habla con suficiente anticipación para decirle a tus líderes si algo va a fallar o quebrarse. Si no están escuchando tu punto de vista, con el fin de cuidar a tu equipo, es posible que debas permitir que las cosas se quiebren para que el equipo y la dirección más grandes se den cuenta de su error y cambien su disposición de apoyar. No hay mejor evidencia de la necesidad que cuando las cosas se quiebran. Asegúrate de pronosticar y mitigar los efectos.

103. "A veces necesitas ver el vaso lleno a la mitad".

Para ser un gerente efectivo, de vez en cuando necesitarás negociar cosas para tu equipo.

No siempre obtendrás todo lo que pides. Einstein dijo que el carácter es lo que haces con lo que tienes. Toma lo que tienes, incluso si es un vaso lleno a la mitad, y corre con ello, haz lo mejor de ello. No te sacrifiques por algo que no sea un obstáculo insalvable para tu equipo. Acepta y sigue adelante.

104. "Devuelve el dinero adicional temprano".

Evita encontrarte hacia el final del año fiscal de tu organización saltando a través de aros ardientes para encontrar formas de gastar el dinero adicional que te quedó del presupuesto antes de que termine el año fiscal. Lleva un seguimiento de tu dinero con rigor, de cerca, cada mes. Estate listo para devolver cualquier financiamiento adicional a tus líderes lo suficientemente temprano para que todos tengan tiempo de evaluar dónde se puede utilizar, con un margen de tiempo prudente antes de que termine el año fiscal. No esperes a fin de año.

Algunos te dirán que nunca devuelvas dinero y que simplemente trates de gastarlo todo. Debes administrarlo bien y cuidar al equipo que incluye toda tu organización. Si de alguna manera tienes dinero adicional, devuélvelo. Podría ayudar a tu organización más grande. Si tenías dinero adicional porque tus estimaciones eran pobres, busca una forma de mejorar tus estimaciones para el año siguiente. Hazlas sólidas.

No ocultes estimaciones deficientes tratando de gastar el financiamiento residual que puedas tener en las cuentas de tu organización. Tus líderes y subordinados confiarán más en ti cuando estés dispuesto a ser transparente.

105. "Prepárate para explicar qué fallará si el equipo no recibe el financiamiento que solicitaron".

Cuando tu equipo te presenta los requisitos que necesitan para el presupuesto del próximo año fiscal, pídeles que aclaren lo siguiente:

a) Requisito

b) Describe lo que harán con el dinero que reciban

c) Explica qué fallará si este requisito no se financia

d) Comparte cuándo se necesita este dinero

Ver toda esta información en una sola visualización te ayudará a priorizar tus requisitos y determinar dónde se establecerá tu "línea de flotación" para marcar el punto en el que se cortará la financiación. Todos los requisitos por debajo de esa línea podrían presentarse como "Solicitudes de Requisitos No Financiados", con tu permiso. Tal vez puedan financiarse con algún financiamiento residual de la organización donde ustedes estén.

A su vez, esto te ayudará a presentar tus requisitos a tu liderazgo. Cuando estés preparado para explicar a tu liderazgo lo que podrás hacer con el dinero, así como lo que fallará si no obtienes esa financiación, es más probable que obtengas el dinero que tu equipo está solicitando.

Presta mucha atención para comprender el impacto de no aprobar uno de tus requisitos. Explica qué fallará, y cuándo, si esa factura no se paga.

Hay gerentes que pueden redactar requisitos floridos que suenan como si estuviéramos financiando algo sorprendente. Pide el impacto de lo que ocurrirá si el requisito no se financia. Verás si su requisito tiene un impacto o si es tan útil como una taza de café descafeinado. Si estás presentando tus requisitos, prepárate con una explicación sólida de lo que necesitas y por qué lo necesitas, incluyendo lo que sucede si tu equipo no lo recibe.

Durante las revisiones presupuestarias, estate atento a la "Reloj de oro" o al "Rolexing" por parte de tus colegas. Es una estrategia que no deberían estar haciendo, pero sucede. Puedes descubrirlos si haces buenas preguntas como "¿Qué falla si no obtienen ese dinero?" La forma en que hacen la estrategia de "Reloj de oro" es moviendo sus requisitos de baja prioridad hacia las líneas presupuestarias de mayor prioridad. Como están tan bien calificadas, a veces se les denomina "Pagos Obligatorios", nadie los cuestiona. Mueven sus requisitos de alta prioridad a las líneas de presupuesto de rango inferior, donde tendrán que defender sus requisitos y tendrán una explicación más convincente. Fácilmente se les aprueban sus prioridades de menor rango, ya que su defensa es sólida. Luego, cuando se trata de sus requisitos de mayor rango, dicen: "Estos son mis requisitos más importantes y no puedo permitir que no se financien", y nadie dice nada, por lo que obtienen todo financiado cuando tal vez las necesidades de menor prioridad que movieron hacia arriba deberían haber sido revisadas, evaluadas y recortadas. Es como si mostraran esas líneas de presupuesto de mayor prioridad y dijeran: "Bueno, este es mi reloj de oro. Un legado súper caro. Es tan valioso que no puedo renunciar a él". Nadie lo cuestionará. Nadie quiere hacer que otra persona renuncie a su posesión más valiosa. Si notas que uno de esos "Pagos Obligatorios" no está claro en la planilla de alguien más en la organización, puedes intervenir y preguntar: "solo para mi edificación y para entender mejor nuestro campo de batalla, ¿qué sucede si no financiamos esos?"

Prepárate para defender tus requisitos articulando lo que fallará si esas facturas no se pagan. Prepárate para cuestionar las posibles "Relojes de Oro" de otros. A continuación, se muestra la mejor tabla que he visto para hacer todos los requisitos lo más transparente posible.

Prioridad	Requisito	Costo	Financiado	Descripción	Impacto
1	Suite de Análisis	$10K	$10K	Comprar una Suite de Análisis de Datos	El equipo no va a poder procesar la data de los reparos necesitados a tiempo
2	Rediseño de manguera de aceite	$13K	Por determinarse	rediseñar la manguera para asegurarse que tiene medidas de seguridad	La flota no podrá volar en un año si el diseño no es implementado para marzo del próximo año fiscal
3					

Algo más que debes tener en cuenta con relación a los requisitos es que hay oficiales superiores a quienes les encanta asignar proyectos nuevos a líderes más jóvenes. Si no se trata de un requisito financiado, habla con tus líderes superiores y verifica que estén dispuestos a respaldar el esfuerzo, asignar recursos y financiarlo. De lo contrario, simplemente te están utilizando para algo que no es esencial para la misión y no tiene capital político. Si es un requisito sin financiación, solo es un sueño y no un requisito real. No te quedes atrapado gestionando un proyecto que no tiene un gran impacto en la misión que justifique su financiamiento.

En cuanto a la ejecución, tu plan presupuestario les dice a los líderes: 'Estoy listo para invertir este dinero para nuestro cliente o nuestra organización'. Prepárate para invertirlo o ponerlo en contrato tan pronto como lo recibas. Si te retrasas, los líderes no confiarán en tus habilidades de programación y presupuesto el año siguiente. Los líderes superiores pensarán: 'Este dinero está ahí sin hacer nada. Deberíamos haberlo invertido en otro lugar porque no están haciendo nada con él'.

Los líderes saben que no existe la comida gratis, por lo que si tu dinero está inactivo en tu cuenta, sabrán que no estás cumpliendo tus objetivos anuales.

Si tu ejecución se retrasa un 10%, será difícil recuperarla. Planifica ejecutar tus fondos tan pronto como puedas en tu año fiscal. Si obtienes el dinero y te retrasas en la negociación de tus contratos y no puedes gastar tu presupuesto aprobado antes de que termine el año, perderás ese dinero para ese año. Tus líderes te verán cómo alguien que les hizo perder la oportunidad de invertir ese dinero en otro lugar. Si estás en el gobierno, ese dinero debería invertirse en algo que mejore los recursos o nuestra defensa nacional en beneficio del contribuyente.

Cuando comienza tu año fiscal, toma tus requisitos y colócalos en una tabla donde puedas ver cuándo se ejecutará tu dinero a lo largo del año. A continuación, hay un gráfico que puedes usar. Puedes detallar cuánto ejecutarán cada mes. Reúnete con tu equipo, incluyendo tu gerente financiero, para asegurarte de que tu ejecución se esté llevando a cabo según el plan. Si necesitas hacer cambios, está bien, pero estás al tanto de tu plan de ejecución financiera y estás listo para tomar decisiones informadas. En algunos casos, si tienes fondos residuales en una línea de contabilidad, puedes usarlos para cubrir costos adicionales en otro esfuerzo. Esto es lo que llamamos "Crear una cura interna" o "regar y extender la mantequilla de maní". Sin embargo, obtén la aprobación de tus líderes si esto está permitido. A veces no lo está".

En la siguiente página, encontrarás una plantilla que utilizo simplemente para hacer un seguimiento de la ejecución de nuestro presupuesto. Para la gestión de pérdidas y ganancias, necesitarás algunas filas adicionales para cubrir esos datos e incluirlos en una imagen para que puedas ver todo el conjunto.

Prioridades	Requisitos	Approved Budget	Ene	Feb	Mar	Apr	May	Jun	Jul	Ag
1	Personal	6.000	0.400	0.400	0.400	0.400	0.400	0.400	0.600	0
2	Renta	0.080					0.010	0.010	0.010	0
3	Utilidades	0.008					0.001	0.001	0.001	0
4	Tecnologia	0.750			0.060	0.100	0.200			0
5	Mercadeo	1.000	0.250	0.300	0.450					
6	Logistica	0.020	0.006		0.002			0.010		
7	Depreciacion	0.040			0.010			0.010		
8	Aseguranza	0.020	0.005		0.005			0.005		
	TOTAL	7.918	0.661	0.700	0.927	0.500	0.611	0.436	0.611	1
		Acumulativo	0.661	1.361	2.288	2.788	3.399	3.835	4.446	5
		Pronostico	0.661	1.361	2.288	2.788	3.399	4.225	4.836	5
		Diferencia	0.000	0.000	0.000	0.000	0.000	-0.390	-0.390	0
		Pronostico de ejecucion	8%	17%	29%	35%	43%	53%	61%	
		Ejecucion actual	8%	17%	29%	35%	43%	48%	56%	
		Diferencia	100%	100%	100%	100%	100%	91%	92%	1

Porcentajes de ejecucion	
	100%
	90% < 100%
	<90%

Nota: Decimal en los millones

Los meses y gastos que se han ejecutado estan en celulas

106. "Antes de que comience el próximo año, reúne a tu equipo e identifica tus Objetivos, Resultados Clave y Acciones".

Otro marco que se ha utilizado en los últimos años son los Objetivos y Resultados Clave (ORC). En inglés, se les llama "Objectives and Key Results" u "OKR". Andy Grove introdujo "OKR" a la industria privada en los '70. Es reciente que hemos visto este término ser más popular en nuestra industria. Generalmente, yo había usado "Metas Estratégicas, Objetivos, y Acciones". Para este caso, usemos el marco de OKR u ORC.

Tus Objetivos deben ser Específicos, Medibles, Alcanzables, Relevantes y con un límite de tiempo. Revisa lo siguiente para comprenderlo mejor.

ESPECÍFICOS: Los objetivos deben ser claros y específicos. Deben responder a las preguntas quién, qué, dónde, cuándo y por qué. Escribe tus objetivos de manera que sea fácil entender lo que estás buscando.

MEDIBLES: Los objetivos deben incluir criterios claros para medir el progreso y el éxito. Pueden ser uno o más indicadores.

ALCANZABLES: Los objetivos deben ser realistas y alcanzables. Debes apuntar lo más alto posible, pero tus objetivos deben ser factibles. No intentes abarcarlo todo.

RELEVANTES: Los objetivos deben estar alineados con tu misión y tu equipo.

CON LÍMITE DE TIEMPO: Los objetivos deben tener una fecha límite.

EL LÍDER DE LA TAREA (En inglés, en chiste le llamamos el "STUCKEE"): He agregado esto. Cada objetivo necesita un encargado, la persona responsable de hacer que esto suceda. Es decir, una persona que liderará al resto del equipo para alcanzar ese objetivo para la fecha de vencimiento.

En el marco de ORC o en inglés, OKR, los Objetivos son un poco más amplios y destacan una dirección deseada. Los objetivos son más cualitativos que las metas y más específicos. Por ejemplo, un objetivo puede ser "Convertirse en líder en soluciones de tecnología sostenible". En cuanto a una meta, podría ser "Aumentar nuestra cuota de mercado en un 10% en los próximos 12 meses". Ya sea que apliques objetivos o metas, asegúrate de que todo tu equipo, tanto debajo como por encima de ti, esté en la misma página.

Tus Resultados Clave, en el marco OKR, se asemejan a nuestra definición de metas anteriormente. Son resultados específicos, medibles y con un límite de tiempo que indican el éxito de un objetivo. Esto es lo que te dirá "¡Hemos llegado!" Cada objetivo puede tener múltiples Resultados Clave.

Debajo de tus Resultados Clave, tendrás tus Acciones o tickets que tendrás en algún lugar o sistema como Jira o cualquier sistema de gestión de flujo de trabajo.

Algo que los equipos suelen pasar por alto es asignar un líder para su objetivo, resultado clave y tareas. Siempre ten un líder y una fecha de vencimiento. Necesitas esas dos piezas de información para impulsar la ejecución y ayudar al equipo a priorizar adecuadamente.

Aquí tienes un ejemplo de un Objetivo, sus Resultados Clave y sus Acciones (es decir, Tickets) necesarios.

OBJETIVO: Aumentar la satisfacción del cliente.

RESULTADO CLAVE #1: Lograr un Índice Neto de Promotores (NPS) de 75 o más al final del trimestre.

TAREA DE TRABAJO 1: Realizar una encuesta de satisfacción del cliente para medir el NPS actual.

TAREA DE TRABAJO 2: Analizar los resultados de la encuesta para identificar áreas de mejora.

TAREA DE TRABAJO 3: Desarrollar un plan para abordar los problemas identificados en la encuesta.

TAREA DE TRABAJO 4: Implementar cambios y mejoras basados en el plan.

TAREA DE TRABAJO 5: Programar y realizar una encuesta de seguimiento para medir el NPS después de los cambios.

TAREA DE TRABAJO 6: Analizar el NPS después de las mejoras y evaluar el progreso.

RESULTADO CLAVE #2: Reducir el tiempo promedio de respuesta a las consultas de los clientes a menos de 2 horas al final del trimestre.

TAREA DE TRABAJO 1: Revisar el proceso actual de manejo de consultas de los clientes.

TAREA DE TRABAJO 2: Identificar cuellos de botella o ineficiencias en el proceso.

TAREA DE TRABAJO 3: Revisar el proceso para agilizar los tiempos de respuesta.

TAREA DE TRABAJO 4: Capacitar al personal de soporte en el nuevo proceso.

TAREA DE TRABAJO 5: Supervisar y rastrear los tiempos de respuesta diariamente.

TAREA DE TRABAJO 6: Realizar ajustes necesarios en tiempo real para cumplir el objetivo.

Nota: Tus ORC podrían proporcionarte un excelente material para incluir en tu informe/apreciación de desempeño del próximo año. Solo necesitas liderar a tu equipo en la ejecución y el logro de tus ORC".

107. "Destaca las Acciones, los Resultados y el Impacto en las revisiones de desempeño de tus subordinados (es decir, evaluaciones de rendimiento), ¡y también incluye ese contexto en tus revisiones de desempeño!"

Cuando redactes las revisiones de desempeño de tus subordinados, piensa en lo que hicieron (Acción), a quién afectaron (Calificar) y cuánto impacto (Cuantificar) están generando.

En cuanto a la calificación de lo que han hecho y a la hora de anotar a quién impactaron tus subordinados, considera el uso de sustantivos propios y títulos en lugar de sustantivos comunes. Es mejor decir que impactaron en la "División de Investigación y Desarrollo de la Compañía ABC" en lugar de "equipo de investigación". Es mejor decir que cumplieron con la visión del "CEO" en lugar de "el ejecutivo de mayor rango". Estos son ejemplos básicos.

Cuando intentes cuantificar el impacto de tus subordinados, considera cuánto dinero ahorrarán, el tiempo que ahorraron, la cantidad de personas a las que dieron soporte, etc.

A la hora de redactar la evaluación de tu subordinado, asegúrate de que quede claro cuál fue su acción. Evita frases como "trabajó en". Utiliza acciones claras; orquestó, guió, dirigió, diseñó, escribió, lideró, facilitó, creció, estableció, etc.

A continuación, puedes ver algunos ejemplos. He resaltado en azul las secciones que se destacan por su naturaleza de calificación y cuantificación. La palabra de acción está en negrita y en negro.

a) Emilia **guió** la Estrategia de Expansión del Mercado 2023 de ABC; permitió que las operaciones pudieran comenzar en los mercados de América del Sur, Europa y África, lo que resultó en un aumento del 30% en las ventas internacionales y un crecimiento de ingresos de $2 millones.

b) Juan **optimizó** el proceso de fabricación de la División de Producción de ABC, reduciendo el tiempo de producción en un 20%, lo que llevó a una reducción de costos de $250,000 por trimestre.

c) Patricia **gestionó** con éxito el Incremento de Software de I+D 5.0, entregándolo tres semanas antes de lo previsto, lo que permitió que la División de Ventas de ABC pudiera lanzar la solución a tiempo para el evento de la Asociación de Veteranos Cibernéticos.

d) Miguel **creó** un nuevo sistema de <u>Solicitud de Apoyo al Departamento de Rehabilitación</u>, que permitió la entrega de solicitudes de manera expedita a <u>la Oficina de Capellanía del Hospital ABC</u>, garantizando una atención pastoral oportuna a <u>57 pacientes</u> y <u>reduciendo los casos de ansiedad en un 73%</u>.

Algunas organizaciones enseñan que debes redactar estos logros utilizando el método STAR; Situación, Tarea, Acción, Resultado. Otros sugieren usar el método AIR; Acción, Impacto, Resultado. Independientemente de lo que elijas, asegúrate de resaltar la Acción y el Impacto. ¿Necesitas el "Qué" y el "Por qué" o el "Que importa?" Redactar la evaluación de tus empleados y simplemente decir lo genial que es trabajar con ellos es un perjuicio para ellos y sería evidencia de que no estás gestionando adecuadamente. Los pondría en terreno muy inseguro para futuras reducciones de personal.

108. "No puedes preocuparte más por un proyecto de lo que lo hace tus lideres".

Existen gerentes de proyectos que abogan incansablemente por sus proyectos, incluso cuando obtener apoyo es tan difícil como estarle sacando las muelas a alguien personalmente. Se sienten frustrados, agotados, cínicos y negativos porque algún otro proyecto se llevó a su personal y su financiamiento.

Es estupendo que los líderes se preocupen tanto por un proyecto, pero debes tener en cuenta el panorama general. La prioridad más alta es mantener bien a tu organización más amplia. No puedes ponerte anteojeras y hacer caso omiso del resto de tu organización. En otras palabras, no puedes gastar todos tus recursos en un juguete si tu familia se quedará sin comida durante el próximo año. Debes quitarte el sombrero de proyecto y ponerte el sombrero de familia para pensar de manera más estratégica.

Si tu proyecto no recibe el apoyo que deseas de tus líderes, aquí tienes cosas que puedes hacer para abogar por tu proyecto:

a) Asegúrate de que el proyecto se alinee con las prioridades de la organización más amplia.

b) Comunica el valor y el impacto potencial de tu proyecto.

c) Mide el impacto y los resultados de los éxitos de tu proyecto, así como los resultados si no se le proporciona el apoyo adecuado para una fecha determinada.

d) Mantente adaptable para atender las necesidades emergentes de la organización.

En algunos casos, no importará cuánto transmitas el impacto de no respaldar un programa; los líderes de tu organización no lo van a respaldar e incluso pueden cerrarlo. En esas situaciones, piensa de manera creativa. Si nada funciona y crees firmemente en ese proyecto, puede ser el momento de considerar ir a otra organización y buscar oportunidades que se alineen con tu pasión.

Solo recuerda no sacrificar tu vida familiar ni tu salud mental, emocional y física por un proyecto.

109. "No quiebres la Unidad de Mando".

Una parte importante de mi carrera ha estado en el campo de la Adquisición, donde desarrollamos, entregamos, sostenemos y retiramos tecnología. Hemos replicado algunos marcos organizativos encontrados en el sector privado. Algunos de estos intentos de utilizar las mejores prácticas de la industria privada han roto nuestra Unidad de Mando en varios equipos con los que he trabajado.

<u>Organizaciones Matriciales</u>

El primero que mencionaré son las organizaciones matriciales. A menudo hemos utilizado la organización matricial cuando tenemos personal limitado y los asignamos para apoyar a múltiples líderes de proyectos mientras reportan a un líder funcional sobre ellos. Aquí, cada empleado que apoya tu proyecto informa a dos jefes: el líder del proyecto, que es el jefe informal, y el gerente funcional, su supervisor formal. A continuación, se muestra un ejemplo de una organización matricial.

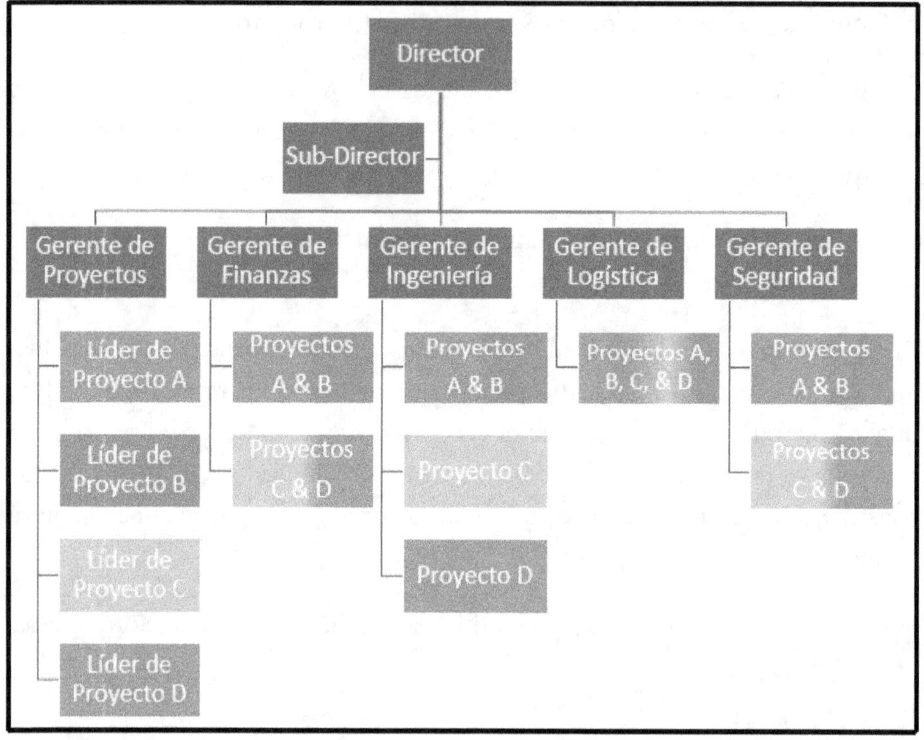

Con empleados que tienen dos jefes, he visto que la Unidad de Mando se rompe en varios equipos porque cada uno tiene diferentes prioridades. Además, cada empleado generalmente gestiona múltiples proyectos, por lo que esta estructura también limita el tiempo que el empleado tiene para concentrarse en cada esfuerzo. En el gobierno, trabajar en una organización matricial ha sido una experiencia dolorosa para mí. Constantemente estás luchando por un apoyo oportuno. Para cuando pasas a tu próxima asignación, puedes terminar con una úlcera.

Lo que genera una mayor división y limita la capacidad de crear Unidad de Mando es que cada miembro de un equipo matricial tiene sus propias prioridades. Cada miembro tiene un jefe formal y un líder de equipo informal. Hemos presenciado esto. Con muy pocas excepciones, los miembros del equipo tienen diferentes prioridades. Aunque he trabajado con algunos profesionales increíbles en una organización matricial, nos ha resultado doloroso lidiar con la manzana podrida o compañero de equipo perezoso porque no tenemos autoridad sobre esa persona. El organigrama matricial facilita que los mediocre y sus gerentes sigan sus propias prioridades. La tabla a continuación muestra un ejemplo de peores casos en los que cada compañero de equipo tiene diferentes prioridades. Otro "peor caso" es si el líder del proyecto queda atrapado en la alineación de partes interesadas con un enfoque extremo en crear consenso, la evitación de riesgos, la optimización de recursos y/o otras áreas de la gestión de programas.

Miembro	Prioridad
Líder de proyecto	Entregar soluciones de calidad al cliente de manera oportuna
Oficial de contratos	No quiere ir a la cárcel
Seguridad	Dice "No" a todo porque tampoco quiere ir a la cárcel
Finanzas	Producir documentos financieros que pueden entender, pero nadie más en el equipo entiende
Ingeniero	Trabajar a través de montañas de documentación y procesos para revisiones técnicas adicionales
Logístico	Trabajar a través de todas las listas de verificación y procesos disponibles

La prioridad principal para todos nosotros es entregar soluciones de calidad al cliente de manera oportuna. Todos deberían tener esa prioridad como su número 1. Si hacemos bien el número 1, como equipo, lo demás cae en su lugar.

Desafortunadamente, de los 6 equipos matriciales con los que he trabajado, solo uno lo hizo bien y todos trabajaron juntos como equipo. ¡Los demás tenían personas centradas en sus prioridades e incluso en sus propios cronogramas, que eran diferentes a las del líder del equipo!

Para que las organizaciones matriciales funcionen, la organización debe garantizar lo siguiente:

a) El líder principal debe aclarar cuáles son las prioridades (esto ayuda a que cada miembro temple o enfoque su atención y administre su cronograma del proyecto en consecuencia).

b) Debe haber suficientes personas para apoyar todos los proyectos y no sobrecargar a una persona en una sección donde está apoyando múltiples proyectos.

c) Todos los cronogramas comienzan y terminan al mismo tiempo. Debe haber un solo cronograma principal para cada proyecto y transparencia en cómo cada miembro está apoyando cada paso del plan, ya sea que estén a tiempo, retrasados o en riesgo de retraso.

d) El líder principal debe delegar el nivel adecuado de autoridad a las personas adecuadas.

Notarás un par de patrones en este libro; uno de ellos es que recomiendo la transparencia como un ingrediente para resolver muchos problemas de responsabilidad. No es el único ingrediente necesario, pero incorporar la transparencia en tu trabajo es un paso sólido. La transparencia que hace visible el trabajo y el impacto de un individuo a sus compañeros y líderes superiores tiene una forma de plantear la amenaza de una humillación pública profesional y estimula a la mayoría de las personas a la acción.

<u>Metodologías Ágiles</u>

La otra cosa que hemos replicado de la industria privada en los últimos años son las metodologías Ágiles. Estas metodologías pueden ser efectivas, pero han tenido un impacto negativo en algunos de los equipos con los que he trabajado porque los líderes principales utilizan el puesto de Gerente de Producto con roles mal definidos, lo que termina generando conflictos con otros roles de liderazgo en el equipo, como el líder de ingeniería y el gerente del proyecto.

Constantemente estuve en desacuerdo con mis líderes en una asignación en la que un Gerente de Producto le decía al equipo que hiciera una cosa y yo les decía que hicieran otra. Fue una situación desesperante que duró casi tres años y que desperdició mucho tiempo. Nunca permitieron que se pudieran definir bien los roles.

Si exploras en Internet, no hay un acuerdo en ninguna parte sobre lo que implica cada rol dentro de Ágil, Gerente de Producto (Product Manager) vs. Propietario de Producto (Product Owner). Adapta tu solución a tu equipo y define los roles para cada miembro. Haz que todos sepan cuál es el papel de cada miembro y qué niveles de autoridad tendrá cada uno.

Patrick Lencioni dice: "La política son problemas no resueltos de los líderes superiores". No ignores los problemas, crea transparencia, proporciona claridad en tu dirección y prioridades, define los roles de cada miembro y empodera a los líderes que sirven bajo tu mando. De lo contrario, romperás la Unidad de Mando en tu organización y habrá demasiado conflicto e incertidumbre.

NAVEGANDO TU TRAYECTORIA PROFESIONAL

110. "Sé parte de la misión principal".

Un gran líder con el que tuve el honor de trabajar compartió que, al comenzar su carrera, estaba en el departamento de servicio técnico de una empresa muy grande que vendía productos de consumo, principalmente productos de cuidado personal y del hogar. Le expresó a su jefe que tenía sueños de ascender y ser parte del liderazgo ejecutivo de la empresa. Su jefe le dijo: "Estás en el departamento de servicio técnico de una empresa que fabrica y vende jabón. Si quieres crecer en esta empresa, debes ser realmente bueno fabricando y vendiendo jabón". Luego solicitó un trabajo en una organización más alineada con el campo para el que se había formado. Hoy en día, es un líder de muy alto rango en la organización a la que se trasladó.

Si deseas crecer en una empresa específica, se parte de la misión principal. Puede haber algunas excepciones, pero no seas un mecánico en una firma de contabilidad o un salvavidas en una estación de esquí. Cuanto más te alejes de la misión principal de la organización, menos probable será que formes parte del grupo de líderes que ascienden en la jerarquía. Intenta ser parte de la producción principal, el desarrollo o las ventas de una organización. Sé parte de la esencia vital.

111. "El mejor premio que la vida tiene para ofrecer, lejos y ampliamente, es la oportunidad de trabajar arduamente en algo que vale la pena". (Theodore Roosevelt)

Elige un trabajo y un campo que realmente te gusten. Si necesitas ayuda para decidir, piensa en las clases que disfrutaste en la escuela, las películas y programas que disfrutaste viendo. Piensa en quién particularmente envidias en cuanto a lo que hacen profesionalmente. Habla con amigos que te pueden ayudar encontrar algo de claridad para decidir.

Lo que alguien me aconsejó hacer es hacer una lista de los campos en los que te gustaría ingresar. Luego, invita a almorzar a alguien en cada campo. Diles que pagarás por una hora de su tiempo y la comida. Cuando los conozcas, prepárate con una lista de preguntas sobre su vida profesional. Por ejemplo:

¿Qué es lo que más te gusta de tu carrera?

¿Qué es lo que menos te gusta de tu carrera?

¿Qué oportunidades hay en tu campo para alguien con tu grado?

¿Cómo es un día normal?

En el camino, sea cual sea la ruta que elijas, recuerda que "todas las cosas buenas que construimos terminan construyéndonos a nosotros". (Jim Rohn)

112. "Si observamos tu carrera desde el espacio exterior, no debería parecerse a múltiples pequeñas hogueras repartidas por todas partes. Debería parecer una gran hoguera".

Cuando escuché esta cita por primera vez, realmente me frustró porque había recibido consejos muy diferentes a medida que ascendía en la jerarquía, y los consejos que recibí me complicaron la vida. Lo que significa la cita es que, al comenzar tu carrera, elige un campo en el que quieras estar. Elige una comunidad profesional. Quédate con ella. Continúa creciendo allí, construyendo tu hoguera. No saltes a diferentes campos. En mi caso, salté de un lado a otro y terminé siendo un polifacético, pero maestro de nada. Lo que es peor, no tenía una tribu.

Comencé haciendo Pruebas y Evaluación para Plataformas Aéreas, que caía dentro de la comunidad de Adquisiciones, pero más en el lado de la ingeniería que en el lado de la gestión de programas. Como oficial anteriormente enlistado, odiaba el campo de Adquisiciones, así que salté a otro campo y luego me involucré en Operaciones Espaciales. Después de un tiempo, mi gerente funcional me devolvió a Adquisiciones para gestionar programas de motores (nada relacionado con mi período de intercambio operativo). Luego me involucré en la gestión del desarrollo cibernético dentro del campo de Adquisiciones.

Después de tener algo de experiencia operativa, incluido un período en Afganistán, me sentí mucho más capacitado para contribuir al campo de Adquisiciones. Sin embargo, cuando regresé, nadie me conocía y tuve que ponerme al día. Mis registros cada año reflejaban que generalmente estaba en el primer o segundo lugar entre mis pares inmediatos, pero no tenía una tribu y necesitas una tribu que se preocupe por ti.

Cuando llegues a tu primera asignación, vuélvete muy competente en tu oficio, pero también tómate el tiempo para que tu tribu te conozca. Ofrece ayudar en eventos que ocurran alrededor de la organización. Haz que tu nombre sea conocido. Mientras te conviertes en un experto increíble y creces en tu oficio, haz que tu marca sea conocida en tu tribu.

113. "Rango, títulos y grados no dicen nada acerca de quién eres".

En la milicia, recuerda que los comités de ascenso son un grupo muy reducido de personas que observan un papel que apenas refleja una parte de lo que has hecho y potencialmente refleja una exageración de lo que han hecho otros. He visto lo que otros escriben en sus revisiones de desempeño. No pongas tu autoestima en nada proveniente del comité de ascenso.

El rango y el grado de pago no dicen nada acerca de quién eres. Tu familia y tus amigos más cercanos son quienes pueden decir algo acerca de quién eres. ¿Qué tipo de padre eres? ¿Cónyuge? ¿Hijo? ¿Líder? etc. Si las fuerzas armadas o cualquier organización para quien trabajes no te ofrecieron el rango que querías, sigue adelante y crece en otro lugar. No vincules tu identidad a un uniforme, un rango, cargos, etc.

¿Sabes qué más no dice nada acerca de quién eres? Tus títulos académicos. He visto oficiales que se graduaron de las universidades más prestigiosas en la cima de sus clases y que han sido líderes increíbles, pero también he visto a varios que no podrían liderar ni a las moscas hacia algo podrido. Tus títulos académicos y tu rango no tienen nada que ver con quién eres como líder, como persona. El liderazgo no es solo una cuestión de cerebro, también es una cuestión de corazón.

Para los oficiales militares, las fuerzas armadas pueden ofrecerte la trayectoria profesional y ascensos hasta el rango de teniente coronel (O-5) más o menos 1, ósea teniente coronel (O-5), mayor (O-4) o coronel (O-6). Claro, podrías avanzar más allá de coronel (O-6). Hay muchas cosas fuera de tu control, no dejes que el rango te diga quién eres o dicte tu valor. Esta lección proviene de un oficial general para el que trabajé. Nuevamente, hay muchas cosas que están fuera de tu control en tu trayectoria profesional; trata de no sentirte mal si te retiras con un rango inferior al de teniente coronel (O-5) o tal vez porque no llegaste más allá del rango de teniente coronel (O-5). Los mejores oficiales con los que trabajé fueron un teniente (O-2) que había sido pasado por alto para el rango de capitán (O-3) y un general de división (O-8), que es un título de liderazgo de nivel ejecutivo. Una lección que se me ha quedado es que el rango no tenía nada que ver con el tipo de líder que eran.

114. "Cada trabajo te ofrecerá dos de tres cosas".

Siempre me cayó mal la respuesta que le daban a uno de mis compañeros cuando preguntaba a un oficial superior consejos sobre cómo avanzar en su carrera. Escuchábamos: "Simplemente haz lo mejor donde estás. Ni siquiera sé cómo llegué aquí". Qué mentira. Hay una ruta. Puedes seguirla o crear la tuya propia. He escuchado a tenientes (O-1 & O-2) preguntar cómo pueden llegar a ser coroneles (O-6) o generales (O-7+) algún día. He visto respuestas como: "La mejor manera es ser el mejor teniente que puedas ser". Eso no es todo. Esa es una verdad a medias. Ser lo mejor que puedas en el trabajo en el que estás es el comienzo. Una vez que comienzas a avanzar en los rangos inferiores, entonces necesitas elegir los trabajos adecuados que te llevarán a donde quieres estar. Para algunos líderes de mayor rango, alguien los colocó en un camino fácil, y nunca tuvieron que preocuparse por nada porque siempre hubo un patrocinador allí con barandas, que les guió hacia el próximo paso que tenían que dar. Para personas normales como tú y yo, necesitamos recopilar información y tomar decisiones sobre hacia dónde queremos ir con nuestra carrera y todo nuestro viaje profesional. Infórmate sobre los caminos y etapas que tuvieron tus líderes superiores en sus carreras. Identifica los patrones. Luego debes decidir qué camino quieres tomar. Usa la lección a continuación para ayudarte.

Cada trabajo que tomes como el siguiente paso en tu carrera te ofrecerá dos de tres cosas.

a) Mejor salario (o posibilidad de ascenso)

b) Ubicación

c) Experiencia

Elige dos de tres. Terminarás en una encrucijada donde tendrás que decidir. Idealmente, deberías incluir a tu familia en la decisión.

En mi carrera, esto marcó una diferencia seria. En dos asignaciones que pude negociar, analicé la experiencia e información que algunos trabajos me darían al aprender más sobre una misión específica, y eso eclipsó otro camino que insinuaba una posibilidad de ascenso. Me advirtieron que afectaría mi carrera más adelante porque había asignaciones que debía tener en fases específicas de mi carrera para luego ascender. Si pasaba otra gira aprendiendo más, no tendría suficiente tiempo en el rango que tenía para obtener las asignaciones que serían clave para futuros ascensos. Una vez que serví un "X" número de años en un rango específico sin esas asignaciones, ya no era competitivo para futuros ascensos. Bueno, afectó mi potencial de ascensos a largo plazo. Aunque aún ascendí más de lo que esperaba, pude ver un límite de crecimiento en el horizonte. Pero yo tomé una decisión del camino y las experiencias que yo quería.

Elige el camino y las experiencias que desees. Hasta cierto punto, puedes cambiar y decir: "Esta vez voy a elegir la ubicación porque es donde mi familia quiere estar". Si por alguna razón te encuentras con un límite de crecimiento, tu identidad no está vinculada a esa organización. ¡Ve a crecer en otro lugar!

Si bien respeto las opiniones de los oficiales superiores de mi campo sobre las trayectorias profesionales, no estoy de acuerdo. El camino que querían que siguiera rápidamente me habría dado anteojeras empresariales de muchas maneras. Busqué experiencias que sabía que me harían un líder fuerte con mejor intuición y discernimiento en un par de campos que se volvían más críticos para la defensa nacional. Si mis decisiones colocaron un techo sobre el crecimiento de mi carrera, aún estoy feliz con mi experiencia y listo para crecer en otro lugar donde pueda seguir avanzando en mi carrera como líder. Nunca vincules tu identidad a una organización.

Comparto esto porque quiero que estés mejor preparado para delinear el camino que deseas para tu carrera actual y toda tu vida profesional. Ahora sabes que cada trabajo generalmente te ofrece dos de tres cosas. En algún momento, puede que no haya vuelta atrás en el camino de desarrollo profesional de esa organización para tí, y debes estar bien con las decisiones que tomas. Además, debes saber que, si los líderes de tu organización no están de acuerdo con tu trayectoria profesional, hay vida después de tu tiempo allí. Uno de los jefes que tuve solía mencionar la VDFA, Vida Después de la Fuerza Aérea.

Diseña tu carrera y tu camino hacia adelante.

115. "Entre 0 y 4 años desde el inicio de tu carrera, vuélvete realmente hábil en tu trabajo y compite por premios".

Este es el momento en el que necesitas adquirir profundidad en el conocimiento de tu oficio. Busca puestos de liderazgo y compite por premios para obtener reconocimiento. Esto conducirá a otras oportunidades que pueden impulsarte para futuros ascensos.

La razón por la que debes competir por tantos premios como sea posible es porque los premios son un terreno donde compites directamente con tus compañeros. Ganar un premio y tenerlo en tu currículum y/o en tus registros demuestra que te destacaste entre tus colegas. Esto se refleja positivamente cuando estés siendo considerado para ascensos. No me di cuenta de esto cuando era un teniente (O-1 a O-2) y capitán (O-3). No fue hasta que llevaba nueve años siendo oficial que alguien me dijo que tenía estratificaciones competitivas, pero sin premios y me explicaron su valor. Hasta entonces, pasé mis años preocupándome sólo por ayudar a que otros pudieran recibir premios. En mi mente, tus líderes te dirigirán hacia los trabajos adecuados y te darían las estratificaciones que necesitabas para avanzar en tu carrera. Los premios pueden ayudarte a obtener ese reconocimiento que te facilita obtener las estratificaciones y los trabajos adecuados. En muchos casos, hay organizaciones que no acostumbran a darte una estratificación entre tus compañeros. Entonces tus revisiones de desempeño no dirán si estás entre los mejores 10% de empleados, 15%, 20%, etc. Para esos casos, es muy importante poder tener reconocimientos en tus revisiones y/o en tu currículo. Siempre compite por esos premios.

Busca oportunidades para demostrar tus habilidades de liderazgo, administración, y compite por reconocimientos de trimestre, anual o de cualquier otro tipo.

116. "Entre 5 y 10 años desde el inicio de tu carrera, puedes expandirte dentro de tu propio campo".

Este es el momento en el que adquieres amplitud en el conocimiento de tu oficio. Aprende más sobre el campo y la comunidad más amplia de la que eres parte. Consigue un trabajo de liderazgo y crece como líder. ¡Obtén tu maestría pronto!

117. "En tu séptimo año, decide si quieres quedarte o irte".

Si te vas antes de los 4 años y estás en una organización grande, es posible que no experimentes todo lo que hay para un profesional junior en tu organización. Puede que hayas caído en un equipo deficiente o bajo un líder deficiente para tu primera asignación, y no experimentarás la verdadera cultura de la organización y la comunidad más amplia. Para tu séptimo año, tendrás una mejor idea de la organización más grande. Además, podrás observar si tus líderes te están preparando para liderazgo de alto rango o si están dispuestos a apoyarte en un objetivo profesional específico que no está relacionado con ser ascendido a puestos de liderazgo más altos. En ese momento, puedes evaluar "si vale la pena el esfuerzo" y quedarte o irte a otro lugar para crecer. Solo ten cuidado porque algunos líderes te prometen cosas y te dejarán persiguiendo ilusiones. Asegúrate de saber de qué manera tus líderes están dispuestos a apoyar tus metas profesionales. Hay formas de observar si te están apoyando o no.

Alan Mullaly dice "No administres tu carrera. Sigue tu sueño y contribuye". La verdad es que cuando estás bajo un buen líder, te catapultará hacia adelante. Sin embargo, si estás atrapado con líderes mediocres, o con líderes que no te agradan, no importará cuánto trabajes, nunca avanzarás en tu carrera. No te acercarás a alcanzar trabajos de liderazgo más alto o cualquier otro objetivo profesional que puedas tener. Cuando te enfocas en seguir tu sueño y contribuir, y aún ves que tus líderes no te están colocando en un camino para crecer hacia las experiencias que deseas, es hora de irte y crecer en otro lugar. ¡Elige otro jefe! ¡No te quedes persiguiendo ilusiones! Tu trabajo es ser excelente en lo que haces, y el trabajo de tus líderes es darte esos caminos donde puedes crecer. Si no lo están haciendo, puede ser hora de irte en tu séptimo año, o incluso antes.

¿Cómo saber si realmente te están guiando hacia un camino profesional que cumple con tus metas de crecimiento o experiencia y que vale la pena quedarse? Notarás que te están preparando para estar más cerca de las experiencias que estás buscando. Si quieres crecer para ocupar puestos de liderazgo más altos, los verás impulsándote hacía trabajos de alta visibilidad, te calificarán por encima de tus compañeros en tus revisiones de desempeño, haciéndote competitivo para giras de ampliación de carrera, presionando para que seas seleccionado para oportunidades de educación, etc. Verás evidencia de su apoyo y posiblemente poniéndote en un camino donde adquieres nuevas experiencias cada 2 a 3 años. Si no lo ves, no te quedes persiguiendo ilusiones. Puede ser el momento de irte. Si llevas 5 años en el mismo puesto con las mismas responsabilidades que cuando llegaste ahí, es tiempo de irse a crecer a otra organización.

Finalmente, cuando te estés preparando para irte, no te centres en dejar tu organización. Concéntrate en hacia dónde te diriges. Forma tu visión. En otras palabras, cuando alguien pregunte sobre lo que estás haciendo, no hables de cómo estás dejando esta organización porque es terrible o por cualquier razón negativa que pueda haber. Enfócate en tu visión de hacia dónde quieres ir. Comparta una descripción del horizonte al cual te diriges.

118. "Si decides quedarte, sé claro con tus líderes sobre cuáles son tus metas profesionales. Diles que quieres crecer por las razones correctas".

Cuando era capitán (O-3), tuve un par de oportunidades para realmente avanzar en mi carrera. Sin embargo, al preguntarme sobre mis metas profesionales, expresé que me concentraba en la misión y no en el rango, y parece que eso me costó esas oportunidades. No querían apoyar a alguien que no tuviera planes de quedarse y seguir avanzando en rango. La verdad es que un rango más alto te permitirá tener un mayor impacto en las personas y la misión. Pero a mi me habían enseñado que cuando te preguntan, nunca debes decir que quieres ser coronel (O-6) o general (O-7+) (rangos superiores) porque eso sería una señal de que nadie debería apoyarte en ese esfuerzo. Puede haber algo de sabiduría en esto. Thomas Jefferson está citado diciendo: "Siempre que un hombre haya dirigido su mirada hacia ciertos cargos, comienza una podredumbre en su conducta". Sin embargo, yo sí quería quedarme para seguir siendo ascendido a un cargo más alto, y quería hacerlo por las razones correctas: servir. Después de perder un par de oportunidades, ya no quería jugar ese juego de "lo que debería decir". Decidí simplemente obtener experiencia en ciertos campos y seguir creciendo para mi vida después de la Fuerza Aérea. Sin embargo, si quieres quedarte y crecer en tu organización, por las razones correctas, exprésalo a tu jefe. Sé genuino. Solo ten en cuenta que tus líderes y las personas a tu alrededor verán si estás haciendo tu trabajo actual por las razones correctas también.

119. "Después de los 10 años, busca trabajos en el liderazgo de la organización con líderes de alto rango, busca trabajos de liderazgo con más

impacto, y averigua si tu organización tiene un programa para enviarte a la escuela".

Estas oportunidades son formas en que tu organización puede sugerir que les gustaría que te quedaras y que invertirán en tu crecimiento y futuras oportunidades. En el ámbito militar, esta fase es cuando buscas puestos donde puedes trabajar con otras ramas militares en tu mismo campo, lo que llamamos trabajos "conjuntos". En el ámbito empresarial, puedes comenzar a buscar trabajo donde puedas colaborar con otros equipos en tu empresa. Esto te ayuda a entender dónde encaja tu campo en el esquema general de las cosas. Esto te dará una perspectiva estratégica en cuanto a oportunidades y riesgos.

Algunas organizaciones, como las militares, te enviarán a la escuela en persona. Siempre es una buena señal de que te van a seguir considerando para futuras promociones y trabajos de liderazgo. Están invirtiendo en ti.

A medida que superas los 10 años, recuerda que lo que te queda por delante puede ser menos que lo que has dejado detrás de ti en tu vida profesional ahí en esa organización actual. Elige tu camino sabiamente.

También ten en cuenta que, si has seguido avanzando en rango y título, es posible que estés muy cerca de tener que cambiar el interruptor y pasar de ser un capitán de equipo a ser un entrenador de equipo. Requerirá un trabajo diferente de tu parte y una perspectiva diferente.

120. "Debes saber cómo te verás en 20 años".

Esto no se refiere a cómo te verás físicamente en 20 años, sino a lo que otros verán cuando observen tu lista de habilidades en el currículum. ¿Qué impresión se llevarán cuando te vean, hablen contigo y te conozcan mientras trabajan contigo?

Míralo desde estos diferentes ángulos. Cuando ves a la persona sentada al frente en esas reuniones ejecutivas de alto nivel, ¿qué rasgos tienen? ¿Cuáles son los rasgos que necesitarás para llegar allí? ¿Qué buscarán en la junta directiva que vas a tener que conocer cuando intentes conseguir ese trabajo de alto nivel?

a) <u>Liderazgo</u>. Si avanzas en rango, querrás desarrollar tus habilidades de liderazgo.

b) <u>Habilidades de comunicación sólidas</u>. Debes poder explicar de manera sucinta problemas complejos sin perder el contexto. Debes desarrollar una precisión verbal meticulosa, así como también necesitas ser capaz de escuchar. Habrá una serie de grupos esperando escuchar lo que tienes que decir; empleados, inversionistas, tu junta directiva, clientes y tal vez incluso los medios de comunicación.

c) <u>Habilidades para resolver problemas</u>. En tu camino hacia arriba, enfrentarás desafíos que requieren soluciones interdepartamentales. Eso significa que deberás desarrollar habilidades de manera que te ayuden a colaborar con otros departamentos, empresas y agencias para llegar a la solución que tu equipo necesita.

d) <u>Comprensión financiera</u>. Necesitarás una sólida comprensión de la gestión financiera, incluyendo la elaboración de presupuestos, asignación de recursos, priorización y análisis general. En resumen, necesitas ser un buen administrador con imparcialidad, rigor y previsión.

e) <u>Resiliencia</u>. Necesitas poder recuperarte. Te golpearán y, si hubiera un superpoder, tal vez sea la capacidad de levantarte después de ser derribado.

f) <u>Adaptabilidad</u>. El entorno global de la era de la información puede ser volátil. Los líderes deben adaptarse rápidamente a los cambios y ayudar a sus equipos a navegar por los desafíos emergentes.

g) <u>Liderando el cambio</u>. Debes saber cuándo y cómo dirigir tu organización a través de un cambio para poder prepararse para el futuro.

h) <u>Destreza</u>. Necesitas ser bueno en algo. Es mejor familiarizarse con una industria en particular, para tener una idea de las tendencias del mercado, las nuevas tecnologías y la competencia. No querrás entrar en una industria donde haya muchos desconocidos. Algunas áreas requieren conocimientos implícitos que solo obtendrás al haber estado en las trincheras de esa industria o un campo cercano. Dicho esto, nunca subestimes el impacto de algunas habilidades que se transfieren fácilmente de una industria a otra. Por ejemplo, innovación, resolución de problemas, liderazgo, tecnología, comunicación, organización y algunas otras. Si quieres cambiar a otra industria, hazlo. Hay muchos ejemplos de grandes líderes que se lanzaron a un campo completamente diferente e hicieron historia.

i) <u>Relaciones</u>. Cuando tu equipo enfrenta desafíos, debes poder hablar con otros líderes de la industria para ayudar a tu equipo o colaborar con ellos. Eso requerirá negociaciones. Tus relaciones también te ayudarán a mantenerte informado sobre lo que está sucediendo en su rincón de la industria.

j) <u>Visión estratégica, planeación y ejecución</u>. Debes poder crear una visión clara y convincente. Junto con esa visión, necesitas poder liderar a tu equipo para ejecutar tu estrategia, tus objetivos, tus ORC, etc. La flexibilidad es clave, pero no zigzaguees tanto que no puedas alcanzar tu visión.

k) <u>Asertividad y humildad</u>. "Antes de la caída viene el orgullo". Practica la humildad y valora tu compromiso para cumplir lo que prometiste.

121. "Habrá un difícil cruce en el camino; 'ser alguien o hacer algo'".

El Coronel John Boyd (O-6) fue un oficial de la Fuerza Aérea altamente influyente. Fue fundamental en el diseño de los aviones F-15 y F-16. Observó que, en una carrera profesional, a veces hay un cruce en el camino y tendrás que decidir qué camino tomar.

"'Tigre, algún día llegarás a un cruce en el camino y tendrás que tomar una decisión sobre qué dirección quieres tomar'. Levantó la mano y señaló. 'Si tomas ese camino, puedes ser alguien. Tendrás que hacer compromisos y tendrás que dar la espalda a tus amigos. Pero serás miembro del club y te ascenderán y obtendrás buenas asignaciones.' Luego, Boyd levantó la otra mano y señaló en otra dirección. 'O puedes tomar ese camino y puedes hacer algo, algo por tu país y por tu Fuerza Aérea y por ti mismo(a). Si decides hacer algo, es posible que no te asciendan y es posible que no obtengas las mejores asignaciones y ciertamente no serás el favorito de tus superiores. Pero no tendrás que comprometerte contigo mismo(a). Serás fiel a tus amigos y a ti mismo(a). Y tu trabajo podría marcar la diferencia. Ser alguien o hacer algo. En la vida a menudo hay una llamada. Ahí es cuando tendrás que tomar una decisión. ¿Ser o hacer? ¿Qué camino tomarás?'" (Coronel John Boyd)

En mi camino, elegí "hacer" por un tiempo. Pensé que si eso me llevaría a ascensos, sería genial. Si no, iba a estar contento con la experiencia que obtuve antes de comenzar mi vida después de la Fuerza Aérea y un nuevo capítulo en mi vida profesional.

Tendrás que decidir qué camino tomar.

122. "Las cosas más impactantes que haces por tu organización y por el país pueden no ser reconocidas".

Es posible que nunca obtengas el reconocimiento que mereces. A veces se trata de los líderes de la organización a la que estás asignado(a). Cuando no obtienes nada, necesitas recordarte de ti mismo(a) por qué estás sirviendo.

"Haz cosas buenas y todo saldrá bien" no siempre resulta ser cierto. Lo que siempre es cierto es "Haz cosas buenas y podrás vivir contigo mismo". Necesitas poder vivir contigo mismo en quién eres para aquellos más cercanos a ti sin el reconocimiento, rango y títulos que deseas tener.

123. "La grandeza sin integridad no es grandeza".

Esta lección proviene de un libro llamado "Humildad". Fue una lectura excelente que, francamente, fue muy sobria porque arroja luz sobre lo fácil que podemos ser orgullosos y egoístas en lugar de esforzarnos por la humildad. El orgullo simplemente no funciona. El orgullo es malo para los negocios. No ayudará al equipo local. El orgullo también permite que se filtren otros vicios y, poco después, no tendrás la humildad y la integridad necesarias para ser un líder efectivo.

He visto a oficiales exagerar sus expedientes de premios y sus registros personales, sonando como si hubieran salvado al mundo o curado el cáncer. Algunas personas te dirán que todos lo hacen, así que necesitas hacerlo. Me recuerda cuando algunos atletas estaban usando sustancias dopantes.

Lo que sea que hagas, no dejes que se lleven tu integridad. Cuando era cadete, una experiencia destaca en mostrarme lo invaluable que es que tus amigos confíen en tu palabra. Sucedió con un amigo mío, Raúl, a quien llamábamos "El General". Me preguntó si podía apoyar un evento al que él y su esposa iban a ir. Mencioné que realmente no estaba en mis planes ir. Después de que él y su esposa hablaron un poco más conmigo, me convencieron de ir. Entonces, claro, "Sí, iré". Ella preguntó: "¿Prometes?" Antes de que yo pudiera decir algo, él intervino: "Si José dice 'sí', sé que estará allí, y no necesito que lo prometa". Antes de eso, nunca me di cuenta de cuánto peso puede tener tu integridad y compromiso. Cuando era adolescente, mentí tanto para salir de "problemas". Después de alcanzar los veinte años, me propuse cambiar mi vida y dejar de mentir tanto. Esa experiencia con mi amigo fue genial porque alguien entendía dónde estaba parado yo en cuanto a mi palabra. Se sintió genial que mi palabra tuviera tanto peso para mis amigos. Siempre esfuérzate por vivir con integridad. Esta es una búsqueda de toda la vida y no un destino.

124. "La forma más común en que las personas renuncian a su poder es pensando que no tienen ninguno". (Alice Walker)

Habría sido mucho más efectivo en mi trabajo si simplemente hubiera enfrentado a mis jefes más a menudo. Hubo casos en los que debería haberlos confrontado para pedir apoyo y a veces para decir "basta". Lo hice un par de veces y debería haberlo hecho más. No confronté a la mayoría de mis líderes porque estaba tratando de superar su desvinculación o cualquier problema que veía con ellos; y aun así, marcar una diferencia para la gente a mi nivel. La lección es que hay momentos en los que necesitas enfrentarte a tus líderes, de manera respetuosa y asertiva, para obtener el apoyo que necesitas y el reconocimiento que puede impulsar tu carrera, ya sea de ellos o de su jefe.

En mi carrera, mi primer supervisor era racista. Constantemente pronunciaba palabras ofensivas racialmente. Me trataba peor de lo que trataba al otro en la oficina. En 18 años, nunca ascendió más allá de los rangos junior. Eso debería haber sido una señal de que probablemente no debería supervisar a nadie, pero ahí estaba, moldeando mentes jóvenes. Era terriblemente negativo y eso influía en tu pensamiento de alguna manera. Tener esa influencia me retrasó un poco. La cita, "El poder de la excelencia es abrumador. Siempre está en demanda y a nadie le importa su color" (General Daniel 'Chappie' James) me ayudó en ese momento, pero aun así desearía haber dicho algo en lugar de soportarlo durante un par de años. Nunca hizo nada flagrante y siempre fue justo en papel, pero había cosas donde podías sentir una ligera pizca de racismo. Era suficiente para arruinar tu día. Hice lo mejor que pude. Durante su despedida, estrechó su mano y dijo: "Eres un buen tipo, Castro". Tuve la "suerte" de tener otros líderes en la unidad que me ayudaron a crecer y avanzar en mi carrera. Si no hubieran estado comprometidos, no habría habido mucha esperanza para mí.

Un par de trabajos después, un nuevo jefe me dijo: "Tu último jefe intentó sabotear tu carrera. Te he observado y realmente me gusta cómo tomas decisiones. Voy a asegurarme de que tus revisiones de desempeño se vean mejor mientras estemos sirviendo juntos.

Al final de la siguiente asignación, uno de nuestros líderes superiores me dijo, mientras estábamos en su oficina: "Lamento mucho que tu supervisor haya alcanzado el pico de sus habilidades o simplemente dejó de importarle. Al menos te daremos una buena evaluación por este último año. Tendrás unos meses más aquí antes de ir a tu próxima asignación. Si trabajas duro y tienes suficientes logros que encajen en otra evaluación, escribiremos otra y te daremos una estratificación sólida". Esto ocurrió después de tres años golpeándome la cabeza contra la pared y cero reconocimientos. Desearía haber dicho algo a mis compañeros o a otros líderes antes.

Había hecho mucho allí en esa asignación y en el extranjero durante ese mismo período. Como mencioné anteriormente, es importante tener reconocimientos y premios en tus revisiones de desempeño para avanzar en tu carrera profesional. Dado que a menudo necesitamos presentar nuestros propios paquetes de premios y reconocimientos redactados, redacté y presenté el mío. Mi jefe simplemente lo ignoró.

En mi próximo trabajo, el subdirector de la rama compartió: "No sé qué es, pero el jefe va en tu contra". Me enfrenté a este y realmente estallé con él. Compartiré más sobre esto después. En el trabajo siguiente, mi comandante me dijo: "Necesitas irte de aquí porque no se preocupan de ti en esta organización. Solo se van a preocupar de los oficiales en campos de carrera específicos. Eres un forastero acá".

Después de ese trabajo, terminé siendo contratado para un recorrido de un año como oficial ejecutivo, sirviendo directamente bajo un general de división (O-8), que es un líder increíble. Esa asignación fue un soplo de aire fresco. Las cosas han salido mejor desde entonces. Sin embargo, durante mucho tiempo, parecía que no pertenecía a ninguna parte. Tuve que hacer lo mejor que pude para contribuir a la misión y cuidar de mis compañeros de equipo sin recibir mucho apoyo.

Debería haber levantado la voz y cuestionado lo que estaba pasando. Podría haber obtenido el apoyo que necesitaba y a veces posiblemente hasta el reconocimiento que podría haber utilizado para impulsar mi carrera hacia adelante. En retrospectiva, hubiera confrontado a algunos de mis líderes y les hubiera preguntado por qué no me estaban apoyando. Todos mis compañeros y compañeros de equipo me apoyaban. ¿Por qué algunos de estos líderes me trataban de manera diferente? Ha habido momentos en los que, al mirar hacia atrás, me he hecho la pregunta si había más racismo de lo que me gustaría reconocer. No lo sé, pero desearía haber sido más audaz con mis líderes y sus jefes sobre la falta de apoyo que recibía.

"Aboga por ti mismo. No permitas que tu voz interior o la voz de los demás te detengan". NUNCA te menosprecies. Si no quieres enfrentarte a tu jefe, por varias razones, habla con tus compañeros y tu red para que el mensaje pueda llegar hasta los líderes superiores. Alguien que no sea tu jefe puede echar un vistazo a lo que está sucediendo en tu rincón de la organización. Esto puede ser más prudente. Si la información llega a los líderes superiores, pueden ayudar a responsabilizar a las personas adecuadas sin que salgas afectado.

En una ocasión, estallé y confronté a mi jefe. Hice alusión a esto antes. Le pregunté al subdirector de la rama: "¿Soy yo o el jefe va en mi contra?" Él respondió: "No sé por qué, pero va en tu contra". Después de meses en los que iba tras de mí, ya no pude más. Era un civil y dos grados por encima de mí, pero ya no podía más. Después de una reunión con mi equipo donde mi jefe intervino y me quitó el proverbial suelo de debajo de los pies, terminé explotando: "¡Estoy cansado de tus malditas tonterías! ¿Dónde demonios aprendiste liderazgo?" Esa noche, llegué a casa y preparé un poco de té para la relajación. Le dije a mi ex esposa: "Hoy puede que haya arruinado mi carrera". Estaba agotado.

Al día siguiente, al llegar a mi escritorio, mi jefe dijo: "¿Puedo verte en la sala de conferencias?" Le dije que conseguiría un testigo porque no confiaba en su integridad. Él dijo que conseguiría a uno de los oficiales superiores. Estuve de acuerdo con eso. Unos minutos después, los tres estábamos en la sala de conferencias. Mi jefe comenzó diciendo lo poco profesional que yo había sido y cómo ya no se toleraría mi comportamiento. Mantuve la compostura. Cuando llegó mi turno, dije: "Lamento mucho faltarle el respeto. Esa no es la persona que quiero ser, pero realmente estoy cansado de que tenga algo en contra de mí. No soy el único que lo ha visto. Critica a todos en el equipo, especialmente a mí, sin ofrecernos enseñanza alguna. He trabajado para crear herramientas que ayuden a todos a mejorar. Con su experiencia, podría ayudarnos en lugar de quitarme el suelo de debajo de mí y perseguirme. No quiero faltarle el respeto y ser desagradable con usted, pero definitivamente no quiero que siga siendo desagradable conmigo. Quiero poder hacer mi trabajo, aprender a hacerlo mejor y marcar la diferencia en la vida de mis compañeros de equipo". Para su crédito, la vida en el trabajo cambió después de eso. Él me respaldó varias veces en varios retos después de esa conversación.

Comparto esa historia solo como un ejemplo de que necesitas decir algo cuando sientes que no estás recibiendo el apoyo que necesitas para cumplir tu misión. No puedes quemarte en el proceso. Hazlo de manera respetuosa y asertiva, antes de llegar al punto de explotar como lo hice yo. La otra opción es utilizar tu red para llevarlo a través de la vid.

EPÍLOGO

Recuerdo cuando mis padres me trajeron por primera vez a los Estados Unidos. Lloraba en la guardería porque no sabía cómo hablar inglés. Todavía puedo recordar la soledad y el miedo. Nunca cruzó por mi mente que un día estaría escribiendo más de 45,000 palabras en inglés para escribir un libro sobre mis notas de liderazgo de una carrera en la Fuerza Aérea de los Estados Unidos. Nunca sabes cómo se desarrollará tu historia, así que nunca dejes de soñar y nunca te rindas. He sido muy bendecido.

Después de enlistarme en la Fuerza Aérea, me dijeron que era residente permanente de los Estados Unidos, pero no ciudadano. Cuando era niño, no prestaba mucha atención a mi estatus migratorio. Sin embargo, ahora era algo que surgía, en primera plana. Presenté mi solicitud para convertirme en ciudadano estadounidense. Varias personas en la base y en mi unidad presentaron sus solicitudes también. Pasaron varios meses. Comencé a notar que algunas personas que presentaron sus paquetes al mismo tiempo que yo o después que yo recibían respuestas de inmigración diciendo que sus solicitudes habían sido aprobadas y solo estaban esperando ser programadas para el juramento. Me preocupé porque no había recibido noticias, pero esperé un par de meses más. Me puse más nervioso cuando recibimos una llamada telefónica de nuestro liderazgo de escuadrón diciendo que probablemente desplegaríamos en uno o dos meses. El conflicto en el Medio Oriente se había intensificado. Conduje hasta la oficina de inmigración. Después de tomar un número y esperar mi turno, me acerqué a la mujer en la ventanilla y le expliqué mi situación. Había esperado una respuesta a mi solicitud, pero nunca recibí nada. Expliqué: "No estoy tratando de ser astuto ni aprovecharme del sistema. Solo sé que, en un par de meses, es posible que ya no esté aquí. Significa mucho para mí si pudiera desplegar como estadounidense. Si quieres, puedo darte el número para llamar a mi sargento o a mi comandante". No formaba parte de ninguna unidad secreta, así que decirle eso era seguro, hasta donde yo sabía. Y realmente le hable lo que estaba en mi corazón. Si algo me sucedía en el extranjero, habría significado mucho ser estadounidense, porque estaba sirviendo a esta gran nación como otros estadounidenses a los que admiraba habían servido. La mujer me pidió que esperara mientras iba a hablar con su jefe. Después de unos minutos, volvió. Me pidió que la siguiera. Me llevó a una oficina en la parte de atrás. Entré y saludé a la mujer allí, a la que asumí que era su supervisora. Hablamos y le expliqué la situación nuevamente. Ella me entregó una hoja de papel y la escuché decir que necesitaba responder las preguntas en el papel.

Eran preguntas que recordaba de clases de Estudios Sociales y libros que había leído en la escuela. Respondí todas y se las entregué. Ella miró mis respuestas y me dijo: "Respondiste todas las preguntas correctamente. Ponte de pie. Levanta la mano derecha y repite después de mí..".

Salí de esa oficina como ciudadano estadounidense, un estadounidense. Llevaba mi uniforme de fatiga. Aunque no había nadie más allí para celebrar conmigo, me sentí muy orgulloso y bendecido. Como inmigrante, las palabras del presidente Reagan sobre los jóvenes estadounidenses encontrando "una ciudad de esperanza en una tierra que es libre" y que este país es una "ciudad resplandeciente en lo alto de una colina" todavía resuenan en mí. Sin olvidar la tierra donde nací, he amado a este país que llamo 'hogar'". Disfrutamos de libertades como ningún otro país. Me siento tan inspirado cada vez que leo o escucho: "Sostenemos como evidentes por sí mismas estas verdades: que todos los hombres [¡y mujeres!] son creados iguales; que son dotados por su Creador de ciertos derechos inalienables; que entre estos están la Vida, la Libertad y la búsqueda de la Felicidad". He hecho lo mejor que he podido para servir honorablemente y ayudar a otros en su jornada de la vida.

Comparto esto para reiterarte, primero, nunca sabes cómo se desarrollará tu historia, así que nunca dejes de soñar y nunca te rindas. Segundo, si vivimos en un gran país. Sé que ha habido mucha división en los últimos años, pero aún somos una nación noble y generosa. Oro para que podamos sanar más que dividir. También hago oración para que, independientemente de donde estés sirviendo, ya sea en el sector privado o público, donde sea que estés, puedas tener un impacto fuerte y positivo en la vida de quienes te rodean. Tu amabilidad y liderazgo pueden cambiar la historia de alguien.

Recuerda que el liderazgo es un viaje de aprendizaje de toda la vida. Se trata de inteligencia, pero más aún de corazón. Solo así podrás transformar tu organización y tu comunidad. El lema del Oficial de Armas de la Fuerza Aérea es "humilde, accesible y creíble". A medida que creces en tu oficio y como líder, intenta emular esas características.

Practica la autocompasión. Habrá contratiempos. Levántate. Si necesitas ayuda, consíguela, pero nunca te rindas.

"Con malicia hacia ninguno; con caridad para todos". (Abraham Lincoln)

APÉNDICE 1 – PELICULAS

Estas son películas que traen muy buenas lecciones de liderazgo y administración

- Twelve O'clock High

- The Memphis Belle

- Thirteen Days

- We Were Soldiers

- Band of Brothers

- Remember the Titans

- The Gallant Hours

- Ike

- The Caine Mutiny

- Twelve Angry Men

- Invictus

- Apollo 13

- Moneyball

- Miracle

APÉNDICE 2 – LIBROS

Las 21 Leyes Irrefutables de Liderazgo (John C. Maxwell)

La VELOCIDAD de la Confianza (Stephen M. R. Covey)

Las Cuatro Obsesiones de un Ejecutivo (Patrick Lencioni)

Las Cinco Disfunciones de un Equipo (Patrick Lencioni)

American Icon (Bryce G. Hoffman)

What it Takes (Stephen Schwarzman)

George Washington's Leadership Lessons (James C. Rees)

El Código de la Cultura (Daniel Coyle)

Los 7 Hábitos de la Gente Altamente Efectiva (Stephen R. Covey)

Rompe la Barrera del No (Chris Voss)

Franqueza Radical (Kim Scott)

The Bigs (Ben Carpenter)

Compromiso Excepcional (Jocko Willink and Leif Babin)

Mide lo que Importa (John Doerr)

A Passion for Leadership (Robert M. Gates)

APÉNDICE 3 – RANGOS DE LA FUERZA AÉREA DE ESTADOS UNIDOS

Rangos del cuerpo de enlistados

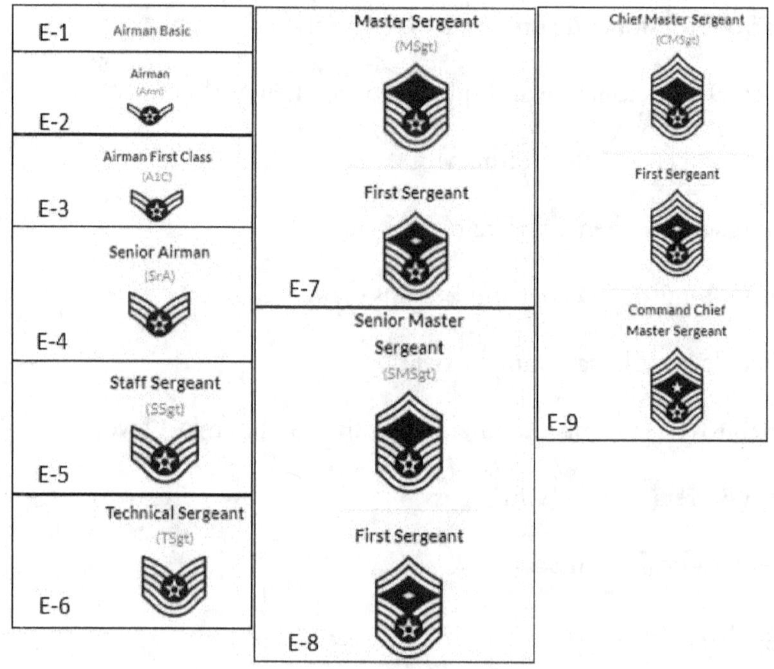

Rangos del cuerpo de oficiales

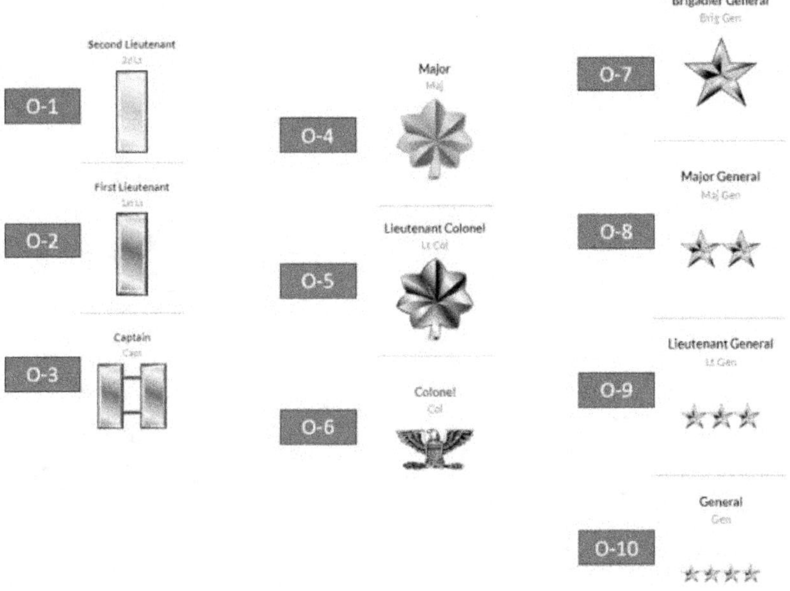

About the Author

El viaje de José comenzó como inmigrante desde Centro América hacia los Estados Unidos. Desde niño, tuvo una fascinación por la Fuerza Aérea, un sueño momentáneamente apartado, pero luego reavivado como una prometedora oportunidad. Alimentando su pasión infantil, José se alistó y emprendió una carrera de más de 20 años en la Fuerza Aérea.

Al crecer, encontró consuelo e inspiración en libros con citas de líderes célebres. Le encantaba compartir esas lecciones con amigos para ayudarles en su viaje de vida. Este amor por la sabiduría lo llevó a compilar su propio tesoro de lecciones obtenidas de su servicio militar y otros lideres con quien se encontró. En su libro, 'Más Allá de los Rangos,' José comparte estas valiosas perspectivas, ofreciendo una visión única forjada a través de toda una vida de dedicación y servicio.

www.ingramcontent.com/pod-product-compliance
Lightning Source LLC
Chambersburg PA
CBHW071323150726
47997CB00002B/584